元証券ウーマンが不動産投資で7億円

Former Securities Woman Invests in Real Estate, Gains 700 Million Yen.

八木エミリー

ダイヤモンド社

元証券ウーマンが不動産投資で7億円

八木エミリー

ダイヤモンド社

序章

ゼロからはじめる不動産投資の心得
――逆算して計画する力

第1章 お金から自由になる不動産投資の極意
――人生のビジョンを持って成功する力

第2章

失敗しない物件選びのコツ

――調査して営業する力

第3章 金融機関から融資を受ける秘訣
——自己アピールして交渉する力

第4章 空室に悩まない賃貸経営の秘訣
――理性と感情で行動する力

第5章 タイプ別おすすめ不動産投資
――自分を客観視して投資する力

不動産投資　資産7億5000万円への道

2014年　入社2年目で不動産投資の勉強をスタート

関連書を読み、不動産投資セミナーに通いはじめる。同時に不動産会社を50件以上回る。

2015年　1棟目購入　所在地：愛知県某市（最寄り駅から徒歩8分）

物件：築18年 重量鉄骨造アパート（1K＋ロフト・10室）　**価格：**4800万円　**家賃：**4万円台

利回り：10・79％　**金利：**3・175％（第二地銀）　**自己資金：**250万円　**返済期間：**32年

2015年　2棟目購入　所在地：愛知県某市（最寄り駅から徒歩3分）

物件：新築 木造アパート（1K・8室）　**価格：**8400万円　**家賃：**5万円台

利回り：7・6％　**金利：**1・975％（第二地銀）　**自己資金：**100万円　**返済期間：**35年

2016年　3棟目購入　所在地：千葉県某市（最寄り駅から徒歩3分）

物件：築21年 重量鉄骨造アパート（1K・18室）　**価格：**1億5000万円　**家賃：**5万円台

利回り：8・4％　**金利：**1・2％（第一地銀）　**自己資金：**300万円　**返済期間：**20年

2016年　4棟目購入　所在地：東京都某市（最寄り駅から徒歩10分）
物件：築25年 鉄筋コンクリート造店舗付きアパート（2店舗 1K・8室）
家賃：4万円台（テナント10万円台）　**価格**：9200万円　**利回り**：7・44％
金利：1・88％（信用金庫）　**自己資金**：200万円　**返済期間**：35年

2017年　5棟目購入　所在地：東京都某区（最寄り駅から徒歩10分）
物件：築22年 重量鉄骨造アパート（1K・5室）　**価格**：4500万円　**家賃**：6万円前後
利回り：8％　**金利**：1・2％（信用金庫）　**自己資金**：300万円　**返済期間**：35年

2017年　6棟目購入　所在地：愛知県某市（最寄り駅から徒歩3分）
物件：築19年 鉄筋コンクリート造アパート（3LDK・16室）　**価格**：2億円　**家賃**：8万～10万円
利回り：8％　**金利**：0・55％（都市銀行）　**自己資金**：2000万円　**返済期間**：30年

2019年　7棟目購入　所在地：愛知県名古屋市（最寄り駅から徒歩7分）
物件：築4年 鉄筋コンクリート造テナントビル（3フロア）　**価格**：1億3000万円
家賃：40万～50万円　**利回り**：8％　**金利**：1・2％（信用金庫）　**自己資金**：2700万円
返済期間：30年

序　章

ゼロからはじめる
不動産投資の心得

逆算して計画する力

なぜ株式投資ではなく不動産投資なのか？

「経済的自由を手に入れて会社を辞めたい」

「失業しても困らないように安定収入を確保したい」

「年金はあてにならないから老後資金を貯めたい」

こんな思いから、本書を手にとってくださった方が多いのではないでしょうか？

「投資」と聞いて多くの人が最初に思いつくのは、本書のテーマである「不動産投資」ではなく「株式投資」のほうでしょう。

新型コロナウイルスが世界的に蔓延し、２０２０年３月に株価が大暴落したコロナ・ショックを機に、株式投資をはじめた人が増えたといいます。

かつて野村證券に勤めていた私がいうのもなんですが、株式は不動産に比べて市場経済の影響をモロに受けます。

新型コロナウイルスのみならず、２０００年代のＩＴバブル崩壊やリーマンショックなど、世界的な潮流から経済環境が悪化すれば、１００万円で買った株が50万円、30万円と目減りして、最後は会社が倒産して紙切れ一枚に……なんていうことも、ないとはいい切れません。

もちろん、景気や業績が好転すれば株価はまた上がりますが、市況の波は誰にも予測できないものです。売り時もわからず、株価が下がりはじめると「このまま下がり続けて反転しなければ大損することになる」と焦って〝狼狽《ろうばい》売り〟する人が多いのが現実です。


とはいえ、私もリスク覚悟で、投資信託や個別株投資をコツコツと続けています。なぜなら、証券会社時代に金融リテラシーを身につけて、「銀行にお金を預けるよりは株式投資したほうが断然トクする」ことを知っているから。

銀行の普通預金の金利は０・００１％程度（２０２１年４月５日時点）ですから、１００万円を１年間預けてもたったの10円しか増えません。一方、株式投資は低リスクの金融商品でも利回り3～5%くらい狙えますから、毎年3万～5万円は増えます。
さらに、株式よりも確実に、より短期間で資産を最大化していけるのが不動産投資だということを、私は7棟の不動産を購入して実感しています。そうした経験をふまえて、私が自信を持ってお伝えしたいことは、**「もっとも不況に強く、安定的かつ効率的に資産を増やす方法は不動産投資だ」**ということなのです。

ポイント

不動産投資は不況に強い投資法

「借金＝リスク」ではない！

人生100年時代となったいま、いずれ公的年金の受給開始年齢は70歳以降になる可能性が高いといわれています。50年くらい前は「55歳定年」が一般的だったのが「60歳定年」になり、いまでは段階的に「65歳定年」まで上がってきています。60歳以降も雇用が継続されたとしても、多くの会社では年収が激減するのが実状です。

老後の年金はあてにできないし、いつまで仕事で収入を得られるかわからない……。そうなると、お金の問題は自力で解決しておかなければなりません。そんな目の前の厳しい現実に不安を感じている人も多いことでしょう。

そんな不安を解消するためにはまず、「何歳までにどのくらいの資産を形成すれば、余裕で生活できるようになるか？」を真剣に考えて、シミュレーションしてみること。そして、目の前の現実をきちんと数字で〝見える化〟して、必要な対策を考えて目標を立てることです。

私の周りにいる個人投資家で多いのは、「60歳までに資産1億円」を目標にしているケースです。1億円あれば、利回り5％で運用すると年間500万円、利回り3％でも300万円の収入を得られます（税引き前）。

住宅ローンの支払いや子育てが終わったあと、それだけの収入を得られるならば生活に困りませんし、趣味も楽しめるでしょう。仮に、毎年300万〜500万円を使い切ったとしても、1億円は残っているわけですから、将来的に介護が必要になっても家族に迷惑をかけずに済みます。

利回りを生む資産1億円の目標に向かって、一番手っとり早く確実に近づけるのが不動産投資だと私は思うのです。

不動産投資に興味はあっても、「リスクが高そう」「難しそう」「面倒くさそう」という先入観を抱いて、なんとなく敬遠している人は多いはず。

「不動産なんて数千万円もする高い買い物だから、普通の会社員には手が出ない」「銀行に借金をしてまで不動産投資をする勇気なんてない」と考える人も多いです。

けれども、**株式投資やFX（外国為替証拠金取引）、商品先物取引などは自分でコントロールできない外的要因が多いのに対し、不動産投資は自分でコントロールできる内的要因が大半という点で、むしろ健全で堅実な投資だといえます。**

人は自分がよく知らないことには、不安を抱きやすいものです。それがお金のことになればなおのこと。金融機関から融資を受けて、借金することに漠然とした恐怖を感じるのも当然でしょう。私も、不動産投資について知識がなかった頃は、自分とはまったく関係のない別世界の話だと思っていました。

ところが、「借入金＝リスク」という先入観だけで思考停止するのは実にもったいないと、私は自信を持ってお伝えできます。そもそも自分が買った不動産は、立派な「資産」になるのです。

不況になって株価が大暴落しても、家賃はそう簡単には下がりません。2年間から3年間の契約期間中は家賃が変動しませんし、契約期間が満了したとしても家賃相場は株価ほど乱高下しないのが現実です。

不動産はしっかりと空室対策さえすれば、景気がよくても悪くても毎月決まった収入が安定確保できるのです。

ポイント

不動産投資は自分でコントロールできるリスクが大半

インカムゲインを狙った不動産投資

景気が悪化すれば、不動産価格は下がる可能性があります。でも、売却しなければなんの影響もありません。

そもそも私は不動産の売却益を目的としていませんから、不動産の価格が上がっても下がっても、家賃収入さえコンスタントに入り続ければ、まったく問題ないのです。

不動産投資では保有している不動産を売却することで得られるキャピタルゲイン（売却益）を狙う人と、不動産を保有中に得られるインカムゲイン（家賃収入）を狙う人がいますが、私の不動産投資は継続的な家賃収入を狙ったものです。

むしろ不況になって、安く売りに出された不動産が市場に出回れば、私のような不動産投資家にとっては「買い場」になりますから大歓迎ともいえます。

不動産投資は「属性」を利用する

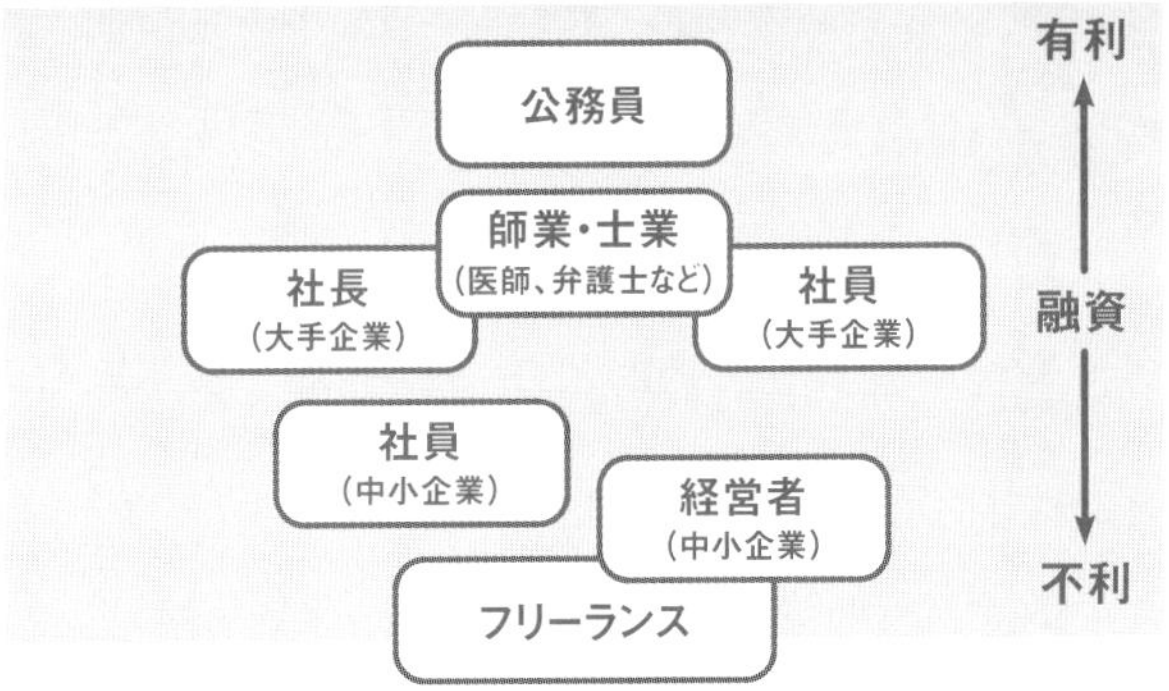

不動産を購入するときは、自己資金でまかなえない分、金融機関から融資を受けます。数千万円から場合によっては億単位となる不動産投資は、自分が勤めている会社や年収の「属性」で、年収の最大10倍ほど融資を受けることができます。

属性とは、金融機関で審査するための個人情報のことですが、住所・氏名だけでなく、勤務先・年収・貯蓄・保険証の種別・住居の種別や居住年数など、「個人の金銭的信用度」になるものです。

自分の属性を利用して融資を受け不動産を所有することで、まだ年齢的に若くても社会的信用を高めることができます。

これほどレバレッジを効かせられる投資

手法は、不動産投資以外にないと私は思っています。

特に正社員として働いている若い世代であれば、30年以上の長期で融資を受けられる可能性があります。まだ社会経験が浅い自分の実力や属性以上にレバレッジを効かせられるところも、他の金融商品にはない大きなメリットなのです。

いってみれば、一番よく働いてくれる資産が不動産。ちゃんと育てていけば、手離れもよい資産が不動産なのです。

年収460万円の会社員が

5年で資産7億5000万円

ポイント

不動産投資は自分の属性に効果的にレバレッジをかけられる

ここで、あらためて自己紹介させてください。私は都内の女子大を卒業後、野村證券に入社しました。もともと金融リテラシーはほぼゼロ。後ほど詳しく説明しますが、「お金の勉強をしたい」という思いもあって証券会社に入社したのです。

配属先は出身地である愛知県の支店でした。そこで営業ウーマンとして、過酷なノルマを背負って駆けずり回る毎日。当時の日々のノルマは、飛び込み営業50件、電話営業150件、アポイント5件。営業は、「ソルジャー」（兵隊）と呼ばれていました。

毎日飛び込み営業をして、同じ客先に名刺を置き続け、私の名刺が50枚ほどたまった頃にやっと話を聞いてもらえる……そんな過酷な毎日での過労がたたり、救急車で運ばれたことが4回もありました。

そんな日々でしたが、新人にして東海地方で営業成績1位となって、社内で最年少のセミナー講師に抜擢されたこともあります。

しかし、入社4年目の2017年、私は会社を辞めました。仕事がイヤになったわけではありません。不動産投資に専念するため、退職したのです。

働きながら不動産投資をはじめたのは入社3年目、26歳のときでした。生活費を削りに削って貯金した自己資金250万円を元手に不動産投資をはじめ、そのわずか2年後には、会社員の年収をゆうに超える不動産収入を得るようになっていたのです。

2021年5月現在、資産約7億5000万円（投資総額約6億円）。出身地の愛知、それに東京・千葉にアパート6棟（68室）とテナントビル1棟を所有し、年間家賃収入7000万円、諸経費や借入金の返済を差し引いた年間キャッシュフロー（純現金収支＝手元に残るお金）2000万円を得ています。

「まだ若い女性なのに、どうやって資産7億5000万円も築いたの？」とビックリされたかもしれません。

「もともと実家がお金持ちなの？」と思った人もいるでしょう。私の不動産投資は実家とは関係なく、すべて自分で工面したお金で運用したものです。

私は、愛知県の田舎町に三姉妹の長女として生まれ、小さな会社を営む父と習いごとの先生をしていた母との間で、ごく普通に育ちました。

証券会社の初任給は手取り16万円、入社3年目に不動産投資をはじめたときの年収は460万円でした。

そんな私でも、わずか5年ほどの不動産投資で、資産とキャッシュフローを大きく増やすことができたのです。


私の不動産投資は、すべて金融機関の融資を受けています。

資産7億5000万円で借入金は6億円ほど。仮に現在所有している7棟の不動産を全部売却したとしたら、手元に現金1億5000万円が残る計算です。

とはいえ、前述したように、私は保有している不動産を売却することによって得られるキャピタルゲイン（売却益）を狙って投資しているわけではありません。

あくまでも不動産を賃貸することにより得られる、継続的なインカムゲイン（家賃収入）で金融機関からの借り入れを返済しつつ、きちんと手元に現金が残るビジネスモデルで不動産投資をしています。


ここまで説明しても、お金を借りることへの潜在的な拒否反応は根強いでしょう。

実はこれといった知識がなかった頃の私もそうでした。そもそも私は、20代前半まで不動産投資などまったく関心がなかったのです。

でも、いまはっきりといえるのは、**「きちんとお金を生み続ける戦略さえ立てれば、お金を借りることは怖くないし、むしろ目標を達成するための強力な武器になる」**ということです。

ポイント

キャッシュフロー重視の不動産投資で安定的に資産を増やす

不動産投資は大きな目的を果たすための手段

不動産投資をはじめるには、押さえておきたい３つのポイントがあります。

①不動産投資で失敗しないために、最低限知っておかなければならない知識
②不動産会社や金融機関を味方につけて、優良物件を有利に買うための努力
③不動産投資によって叶えたい将来の目的

①と②については、これから本書で詳しく説明していきますが、まずは③に関して、なぜ私が不動産投資をはじめたのかについてお話しします。

もともと私は、祖父が創業して父が継いだ小さな会社の3代目になろうと思っていました。ところが、父は自分の夢を諦めて2代目になった経緯があったため、私には同じ思いをさせたくなかったようです。

「会社は継がせたくない。おまえは、おまえの道を行け」と父にいわれていたのですが、その言葉とは裏腹に「自分の代で家業を潰しちゃいけない」と思った私は、3代目になる気満々でした。「会社を経営するなら、まずはお金の勉強だ」と思って大学卒業後、証券会社に入ることにしたのです。

ところが父の決意は、何度話しあっても揺るぎませんでした。

そんな矢先のこと。家族でよく過ごした地元の老舗ホテルが宿泊客不足で経営危機に陥り、経営破綻したことを耳にしたのです。

その老舗ホテルは勤務先(野村證券)のお得意様だったため、経営破綻して売りに出された情報が事前に舞い込んだときは、大切な思い出がなくなってしまう寂しさで胸が詰まる思いがしました。

ホテルの売り出し価格は2億円。「思い出のホテルを私が買収して再生させたい」と思ったのですが、もちろん入社2年目の私には手が出ません。

このホテルの一件をきっかけに地元の状況をみてみると、土地の美味しい名産品や観光スポットが広く知られないまま、どんどん過疎化が進んでいました。

そんな現状を目の当たりにして、私はこう思ったのです。

「私が地元を活性化するためにできることはないだろうか?」

「そうだ、市長になって政治の力でなんとかするか、証券ウーマンとしての得意分野を活かして財力を持つしかない!」と考えました。

しかし、知名度も後援会も資金もない20代の小娘が、いきなり市長になれるはずもありません。かといって投資をするにしても、証券会社の社員は、株式の売買に厳しい制約があります。買う前にいちいち審査を通さなければなりませんし、短期売買もできません。

そんなこんなで、あれこれ思案した挙げ句、「働きながら着実に資産を増やして、地元を活性化する資金を稼ぐには不動産投資しかない」と考えるに至ったのです。

そこで私は、こんな不動産投資の目標を定めました。

「30歳までに資産10億円、40歳までに資産100億円」

要するに私は、「地元を活性化する」という目的が先にあって、不動産投資はそのための手段として考えたわけです。この大きな目的を掲げていなかったら、5年間で資産7億5000万円を築くことなどなかったでしょう。

それからは、証券ウーマンとしてのノルマも果たしながら、不動産投資に向かって、がむしゃらに走り出しました。

不動産投資をはじめるにあたって、右も左もわからなかった私は、不動産投資の本を100冊以上読みまくりました。

その一方、不動産会社が営業目的で無料開催している、いまだったら決して行かないような類《たぐい》の営業色の強い不動産投資のセミナーにも、仕事が休みの土日に毎週のように参加。そして、物件探しのために不動産会社を巡りました。

ところが、不動産セミナーや不動産会社では、男性優位の空気感のなか〝小娘扱い〟されるわ〝塩対応〟されるわで、散々な目に遭いました。

それでもあきらめずに勉強を続けながら、物件探しをしていたところ、ご縁あって26歳にして念願の1棟目を買うことができたのです。

一度、軌道に乗ると、トントン拍子で2棟目・3棟目を買えたため、調子に乗ってしまってある投資話に騙《だま》されて失敗したこともあります（その話には後ほど触れます）。

そうした失敗も経験しながら、不動産投資の経験値を積み上げていきました。

いま所有している7棟の稼働率は94～97％で、空室はほぼゼロ。

そこには私なりのノウハウがあるので、これから本書で余すところなく紹介していきます。

ポイント

「なんのために投資をするのか」という目的を明確にする

不動産投資で失敗する人の特徴とは？

不動産投資で成功している資産家はたくさんいますが、その一方で失敗している人がいるのも事実です。

不動産投資で失敗した人の話を聞くと、ほぼ例外なく「不動産投資をして、何がしたいのか？」という目的がなく、目的達成までのプロセスも描いていません。

「とりあえず年間1000万円くらい副収入がほしい」

「毎月10万円くらい小遣い稼ぎになればうれしい」

不動産投資の目的をはっきりさせる

☑	**5年後にどうなりたい?** (例:お金を貯めて起業したい)
☑	**10年後にどうなりたい?** (例:脱サラしてアパート経営を生涯の仕事にしたい)
☑	**目的達成には、どれくらいのキャッシュフロー** **(純現金収支=手元に残るお金)が必要?**
☑	**目標金額を達成するには、** **どんな物件をいつまでに買わなければいけない?**

そんなふうに漠然としたお金儲けのことしか頭にないのです。

これから不動産投資をする人も、すでにしている人も、「不動産投資の目的」を真剣に考えてみてください。理由はもちろん、人によってさまざまですし、よし悪しはありません。

「そんなこと不動産投資に関係ないでしょ」なんてことはないのです。〝関係大アリ〟です。

大事なことは、この先、不動産投資で迷ったり悩んだりしたときに「自分はなんのために不動産投資をしているんだっけ?」と、立ち返る原点をはっきりさせておくことです。私の周りで不動産投資に失敗している人たちを見ていても、「目的もなく、見切り発車した不動産投資ほど危険なものはない」ということを実感しています。

そういった「投資の目的」と「目的達成のためのステップ」を1つひとつ整理してみて、不動産投資を成功させる〝マイ・ストーリー〟を描いてみてください。

具体的なイメージを固めておけば、目先の損得ばかりを気にすることなく、行きあたりばったりの不動産投資を避けられるでしょう。

漠然とした考えのまま不動産投資をはじめると、甘い話の詐欺に遭ったり、インチキ業者のカモにされたり、空室だらけの中途半端な賃貸経営で赤字続きになったりしがちです。

不動産・株式を問わず、投資に興味のある人に私は、**「経済的な問題や家族の存在などの制限がなければ、どんな生き方がしたいですか？　一番やりたいことはなんですか？」**と尋ねることがよくあります。

「できない理由」をいったんとり払うと、ほとんどの人がこの問いに対して、なんらかの答えを出せます。そして、やりたいことが明確になると、その目的を果たすための手段を考えられるようになる。その手段の1つが、不動産投資なのです。

このように、「目的」と「手段」をはき違えないことが、不動産投資に限らず、投資の大前提となります。

ポイント

「もし制約がなければ何をしたいか？」と自分に問いかけてみる

目的が決まったら具体的な手段を決めよう

目的が定まったら、それを果たすための具体的な手段を決めましょう。

目的とは成し遂げようとする「最終到達点」、それを達成するための「具体的手段」を考えるのです。

不動産投資では、会社員であれば属性（勤務先や年収・貯蓄）を活かして、少ない自己資金で最大年収の10倍程度の融資を受けることができます。借入金の返済は、事前に安全運転で家賃収入から返していける戦略を立てます。

「目的」を果たすための「手段」を考える

- ✓ 目的の達成には、どんな手段がよい？
- ✓ 目的の達成には、どのくらいの規模で不動産投資を拡大していけばよい？

当初の私のように、まだ20代の女性でも、不動産を取得して社会的信用を高めていけば、レバレッジを効かせて物件を買い増して、資産を増やしていくことができます。

レバレッジ効果で不動産投資を加速することができれば、若くして億単位の資産を築くことも可能なのが、不動産投資の最大の魅力です。

私は地元の活性化を目的に掲げましたが、さらに具体的にいうと次の2つの目的があります。

1つ目は、地元の愛知県でリゾートホテルを開業するなどして、地域活性の支援をすることです。両親や友人たちがずっと住んでいく地域なのですから、便利で賑やかになってほしい。仕事が減って苦しんでいる同級生の姿も見てきたので、ホテル事業で雇用も創出したいのです。

2つ目は、シングルマザーのためのシェアハウス経営や恵まれない子どもたちの支援など、慈善事業をすることです。これまでさまざまなセミナーに参加したり、自分でセミナーを開いたりして痛感したのは、お金に困っている人が多いこと。なかでも、シングルマザーの貧困問題は深刻です。

その解決のためにシェアハウスをつくって、そこに住む母親と子どもたちにお金の教育をすることによって、経済的に少しでも豊かになる生き方を学んでほしいと思っています。

この2つの目的を達成するために必要な資金を考えると、ざっと100億円。これは不動産投資によって資産を順調に増やしていければ、手が届かない金額ではないと私は思っています。

資産100億円を築いたら財団を設立して、地元を活性化することができるはず。そう思って不動産投資を拡大しているのです。

ゴールから逆算してやるべきことを考えていけば、方向性を見失うこともなく、成功の確率も高まっていくはずです。

ポイント

目的達成のための手段を逆算して考える

知識を身につければ誰にも騙されない

不動産投資をはじめてから、いろいろなタイプの不動産投資家と交流してきました。

そのなかで、不動産投資で失敗してしまう投資家の共通点が見えてきました。

それは**「勉強しない」「リサーチしない」「（物件探しの）努力をしない」「人を疑わない」**ことです。このような〝ないない尽くし〟の人は、不動産会社にとって、鴨《かも》がネギを背負ってくるようなものなのです。

会社勤めをしていると勤務先に突然、知らない不動産会社からワンルームマンション投資の営業電話がかかってくるという話をよく聞きます。こうした業者のなかには〝鴨ネギ〟の素人を相手に、収支が合わない物件を平気で売りつけてくるケースもあるようです。

よくあるのは、**「老後の年金代わりになりますよ」「節税対策になりますよ」「こんな好条件の物件はなかなか出ませんよ」**といったセールストークに興味を抱き、コロッと騙されてしまうケースです。

なかには、リスクをまったく伝えない不動産会社の巧妙な話術に乗せられて、粗悪な条件の赤字必至の物件に手を出してしまう人もいます。

見ず知らずの不動産会社が、わざわざ飛び込みの電話をしてまで売りつけてくる物件は、明らかに買い手がつかない物件です。買い手がつかないというのは、それだけ条件が悪いということ。もし優良物件なら、営業するまでもなく売れるでしょうし、そもそも本当に儲かるのなら、営業担当が自分で投資しているはずです。

ポストインされているチラシなどを含め、「不動産会社側からやってくる物件には手を出さない」というのは、不動産投資の鉄則です。

ところが世の中には、よく考えればわかることでも、口達者な営業トークを簡単に信じてしまう人が多いのです。

後をたたない「振り込め詐欺」の被害も、ニュースで見聞きするぶんには「なんであんな手口に騙されるんだろう？」と思いますが、いざ自分が当事者になると客観視できずに騙されてしまうのでしょう。

私の周りでも、「老後のために」といったセールストークで、利益が出ないどころか赤字運営するしかない物件を買わされている人が何人もいます。

無知で不勉強で面倒くさがりの素人ほど、すすめられるがまま投資をしてしまう。そういったケースを、私は証券ウーマン時代にもたくさん見てきました。だからこそ、自分がいざ不動産投資をすると決めた瞬間から猛勉強をはじめたのです。

当初、物件探しで不動産会社を訪ねたときは、若い女性だけにナメられてしまい、「なにコレ？」と思うような売れ残り物件をさんざん紹介されて、ものすごく悔しい思いをしました。それとともに「勉強不足で何も知らない人たちは、こういう悪条件の物件でも買わされるんだろうなぁ」とゾッとしたものです。

私は不動産関連の書籍を100冊以上読み、不動産セミナーにも足を運んでいたと前述しましたが、理論武装しておけば、「この物件は、私の希望の条件に合いません」とビシッと反論もできます。

希望物件の条件を明確に説明すると、不動産会社の担当者も「この人、勉強しているな」と思うようで態度が変わります。

実際、イマイチの物件が回ってくることも、経験の浅い新人営業マンをあてがわれることも、だんだん減っていきました。

物件を選ぶときの条件として、「何がよくて、何が悪いか」を自分で判断できる知識をしっかりと身につけておけば、業者に騙されることはありません。

ポイント

不動産会社からの飛び込みの電話営業やチラシはほぼ売れ残り物件

大きな借り入れにもためらいは一切なし

私が1棟目を買うまでは、けっこう時間がかかりました。不動産会社を50件ほど巡りましたが、結局のところ当時の勤務地だった地元の愛知県では、いい手応えを得られませんでした。

そこで、東京の不動産セミナーに参加して、不動産会社の人に「地元の愛知県で物件を探しているんです」と積極的に種を蒔《ま》いたのです。

すると、ある担当者が私のことを覚えていてくださって、しばらく経ってから愛知県内の優良物件を紹介してくれました。

このように同じエリアで物件探しがうまくいかないときは、まったく別のエリアでリサーチしてみるのも1つの手です。特に東京の不動産会社は、地方の物件も扱っているケースが少なくありません。

記念すべき1棟目は、地元・愛知県某市の築18年・重量鉄骨造の丈夫そうな1棟アパートでした。１Kが全10室、販売価格４８００万円、表面利回りは10・79％でした（表面利回りというのは後述します）。

私は購入前に現地を訪れ、「自分がここで一人暮らしをするとしたらどうだろう？」という〝入居者目線〟でじっくりと観察してみました。

最寄り駅から徒歩8分。実際に駅から歩いてみると街並みが明るく、街灯のある通り沿いの物件なので暗がりがなく、女性の会社帰りでも安心です。途中にスーパーやコンビニもあり、会社帰りに食材や飲料、日用雑貨品などを買うことができるので、「ここなら入居者がつくだろう」と実感して、契約することを決断しました。

もうワクワクが止まらなくて、一日も早く買いたかったので、焦る気持ちと冷静になろうとする気持ちのせめぎ合いでした。

ありがたいことに不動産会社が金融機関を紹介してくれて、自己資金２５０万円、金利３・１７５％、返済期間32年で４５００万円ほどの融資を受けられました。

この借り入れに対するためらいは一切ありませんでした。ローンを抱えることへの

恐怖心よりも、「これでようやく不動産投資家としてスタート地点に立てたんだ！」という興奮のほうがはるかに大きかったのです。

融資を受けるには、金融機関の「融資審査」があります。事前に不動産経営についての「事業計画書」を作成し、金融機関の融資担当者に説明するのですが、私は心臓が飛び出るかと思うほど緊張しました。

融資担当者との面談では、私が将来、生まれ故郷の地域活性化のため、30歳までに資産10億円、40歳までに資産１００億円を目標にしていることを含めて説明しました。すると融資担当者は「応援します」と好意的な反応を示してくれたので、ホッと胸をなでおろしたことを覚えています。

これを機に「不動産投資家として成長して、どんどん事業を拡大していこう」とあらためて決意を固めることができました。

ポイント

金融機関からの融資は
不動産投資家としてのスタートライン

不動産投資は「事業」である！

これまで7棟を所有して資産7億５０００万円、年間２０００万円のキャッシュフロー（純現金収支＝手元に残るお金）を得るようになってつくづく思うのは、不動産投資は「事業」だということです。

私は、まだ証券会社に勤めていた２０１６年、３棟目を購入するときに法人登記してからは、法人名義で不動産を購入し、黒字決算を続けています。

その翌年（２０１７年）に4年勤務した野村證券を退職したのは結婚がきっかけでしたが、「不動産投資でやっていける！」と確信できたからこそなのです。

そういう意味でも、20代で早めに不動産投資をはじめて本当によかったと思っています。資産運用する「事業」として大きな柱ができると、他の仕事を含めていろいろなことに挑戦できるようになるからです。

「若いのに不動産投資なんてよくやるね」といわれることもありますが、若いからこそ10年、20年、30年の長期スパンで余裕を持って計画を立てられるのです。もしうまくいかなくても、若ければ、方向転換すればいいだけですから。

女性の場合、結婚、出産、育児などでライフスタイルが大きく変わる可能性があります。それを不動産投資のリスクだと考える人がいるかもしれません。

でも、ライフスタイルが変わっても資産を増やせる手段こそ、不動産投資なのです。不動産賃貸業の黒字化が続けば、出産や子育てなどで仕事を一時中断することがあっても困ることはありません。

会社員は学歴や人脈、ビジネスセンスなどが重視されますが、そういったことは不動産投資で成功するためにはあまり関係ありません。

不動産投資で大切なのは、むしろ愚直さや真面目さ。誰でもやろうと思えばできることばかりです。キャッシュフローを増やしていくために、やるべきことは決まっているので、それを1つひとつコツコツ実践していくイメージです。

これから不動産投資をはじめる人は、「長期安定の新規事業」のつもりでスタートすることをおすすめします。

ポイント

将来の人生設計を視野に法人化するのも一手

私が区分所有でなく1棟所有するワケ

不動産投資には、「区分（1部屋）所有」と「1棟所有」があり、それぞれにメリット・デメリットがあります。私自身は、現在所有する7棟すべてが「1棟所有」です。

区分所有は1棟所有に比べると収益は少ないですが、少額からはじめやすいという

区分所有と1棟所有のメリット・デメリット

	区分所有	1棟所有
メリット	少さな資金ではじめやすい	空室リスクが少ない
	売買の流動性が高い	多額の収益を見込める
	損金を低減できる	土地が手に入る
	立地によるリスク分散がしやすい	収益ゼロのリスクが軽減
デメリット	大きな収益につながらない	空室が多いと返済の負担が増す
	収益ゼロのリスクが大きい	投資金額が大きい

メリットがあります。融資も受けやすく、比較的簡単にはじめられます。

それだけに区分所有は、会社員としての収入にプラスアルファを生んでくれればいい、という理由で買っている人が多いです。

もっとも、1部屋だけの区分所有の場合、その部屋が空室になったとき、「稼働率ゼロ」になって家賃収入がゼロになってしまうリスクがあります。

その点、1棟所有は5室、10室と複数の部屋があるので、空室が1室生じても、あらかじめ空室を加味した稼働率を想定して資金繰りしていれば赤字にはなりにくいです。

私のように大きな目的に向かって「億単位で資産形成したい人」「脱サラするために不動産投資を考えている人」には明らかに1棟所有が適しています。

私の周りで1棟所有している不動産投資家たちも、それぞれ自分の目的を叶えたいというポジティブな動機から不動産投資をしているケースがほとんどです。

もちろん、不動産投資をはじめる動機は人それぞれ。しかし、不動産投資はポジティブな理由ではじめたほうが、高いモチベーションで継続しやすいと思います。

「不動産投資とは、足りないものを埋めるための投資ではなく、自分の人生に新しい価値を生み出すための投資」

こういうふうに考えると、選ぶべき手段も変わると思います。やはり、「なんのために不動産投資をしたいのか」という原点に立ち返ってじっくり考えると、自分にとって区分買いと1棟買いのどちらがベストか、判断がつくはずです。

ポイント

不動産投資はお小遣い稼ぎより
新たな価値を生むためのもの

第 1 章

お金から自由になる不動産投資の極意

人生のビジョンを持って成功する力

トントン拍子に進んだ私の不動産投資歴（前編）

年収４６０万円だった私が26歳で不動産投資をはじめてから、どのようにして資産７億５０００万円を築いたのか？

本書冒頭（8〜9ページ）にある物件の購入歴を見れば、不動産投資を拡大してきた大まかな流れがおわかりいただけると思います。

ここでは、それぞれの物件を買った決め手やエピソードをより具体的に説明します。

先にお伝えしておきますが、２０１８年はサブリース契約を使ったシェアハウス「かぼちゃの馬車」を運営する不動産会社が破綻。スルガ銀行が個人投資家に多額の不正融資をしていたことが発覚した事件により、不動産投資に対する金融業界全体の引き締めが厳しくなったため、物件購入は見送らざるを得ませんでした。

それでも、かなり加速して買い増ししてきたほうだと思います。

２０１５年　１棟目購入　**所在地：**愛知県某市（最寄り駅から徒歩8分）
物件：築18年 重量鉄骨造アパート（1K＋ロフト・10室）
価格：４８００万円　**家賃：**４万円台　**利回り：**10・79％
金利：３・１７５％（第二地銀）　**自己資金：**２５０万円　**返済期間：**32年

念願かなって、はじめての1棟アパートを購入。金融機関から４５００万円ほど融資を受けましたが、前述したように不安や恐怖心はまったくなく、むしろ喜びと期待と嬉しさでいっぱいでした。

金利などの条件面については、不動産会社にいわれるままでしたが（いまとなっては反省です）、私の当時の属性（勤務先・年収・貯蓄など）からするとよい条件でした。

欲をいえば、金利はもう少し低いほうがよかったのですが、融資を受けられて買えるだけでありがたい状況でしたから、いま振り返っても、この物件を買ったことは間違っていなかったと思っています。

2015年　2棟目購入　所在地：愛知県某市（最寄り駅から徒歩3分）
物件：新築 木造アパート（1K・8室）　**価格：**8400万円
家賃：5万円台　**利回り：**7・6％　**金利：**1・975％（第二地銀）
自己資金：100万円　**返済期間：**35年

実はこの新築の木造アパートを購入することは、1棟目を買う前に決めていました。

しかし、物件の完成まで8カ月も待つことになり、その間に1棟目の中古アパートを買うことが決まったという経緯があります。

「新築だったら修繕費もかからなそうだし、きれいな物件だったらすぐに空室が埋まるだろう」と思って買ったのですが、建物が完成するまで想定以上に期間を費やすことになったのです。

30歳までに資産10億円という目標を達成するためには、時間的なロスが多い新築物件はまったく割に合わないことを、この物件で学びました。（詳しくは、109ページ『「2度と手を出さない！」と決めた2つの失敗体験』にて）

この頃は不動産投資が盛り上がっていて、金融機関がどんどん融資をしていたので、購入価格8400万円を上まわる金額の「オーバーローン」を受けました。

2016年　3棟目購入　**所在地**：千葉県某市（最寄り駅から徒歩3分）
物件：築21年 重量鉄骨造アパート（1K・18室）
価格：1億5000万円　**家賃**：5万円台　**利回り**：8・4％
金利：1・2％（第一地銀）　**自己資金**：300万円　**返済期間**：20年

地元・愛知県に1棟目と2棟目を買って満足しかけたのですが、まだまだ遠く及ばない目的を達成するためには「このままじゃいけない！」と思いなおし、自己資金をコツコツ貯めて買ったのが、この3棟目の千葉県某市の1棟アパートです。

条件的には、まず土地が広いこと。そのぶん積算価格（土地・建物の担保価値＝104ページ参照）が高かったのが、購入の決め手になりました。最寄り駅から徒歩3分で、大型商業施設にも徒歩3分という好立地も魅力でした。

間取りは、単身者向けの1K。バス・トイレ・洗面台が一緒になった3点ユニットで、家賃5万円台が18室。ときどき空室が出ますが、すぐに埋まります。

築21年で購入したので、給水ポンプが壊れたときには、まとまった出費を要しましたが、加入している保険ですべてを補填できました。

東京近郊だと、当時の私の属性と金融資産を担保に買えるのは、このクラスの物件が限界でしたが、条件的にはニーズが高いといえるでしょう。

ポイント

新築物件は時間的なロスが多いことも覚悟する

店舗付き・ファミリー向けに挑戦した不動産投資歴（後編）

2016年　4棟目購入　所在地：東京都某市（最寄り駅から徒歩10分）
物件：築25年 鉄筋コンクリート造店舗付きアパート（2店舗 1K・8室）
価格：9200万円　**家賃：**4万円台（テナント10万円台）　**利回り：**7・44％
金利：1・88％（信用金庫）　**自己資金：**200万円　**返済期間：**35年

4棟目は、はじめての店舗付きアパート。「1年間家賃保証」が付帯するなど条件がよかったので購入しました。家賃保証があるので、のんびりしていたのですが、2つある店舗スペースの1店舗の空室がなかなか埋まらず、ちょっと焦りました。

もっと焦ったのは、空室の店舗スペースに水道管が引かれていなかったこと。図面には水道管が記載されているのに、実際にはなかったのです。さらに1階の店舗スペースの電気ブレーカーが、2階の住居スペースにあったことにも驚かされました。

いい加減なことが重なったので、さすがに見過ごせず、管理会社とちょっと揉めたりもしました。

空室だった店舗スペースが、「1年間家賃保証」が切れるギリギリのタイミングで、弁当店の入店が決まったのでホッとしたのも束の間、今度はもう1店舗のラーメン店が営業不振で退去することになりました。

立て続けの空室対応となりましたが、退去するラーメン店のオーナーが、次の入居者を見つけてきてくれて助かりました。それもまたラーメン店で、内装をそのまま引き継ぐ「居抜き」で入居。原状回復が必要ないので、退去するラーメン店のオーナーも大家の私も、手間も費用も省けて助かりました。

弁当店もラーメン店も、上階のアパートに住む単身入居者にとっては便利で喜ばれています。一方で、今回はたまたま運がよかったものの、店舗付き物件の「客付け」(入居者斡旋)は大変なことを痛感しました。

この時点で、私の不動産は資産3億7400万円。家賃収入から諸経費や返済金、税金を差し引いて残るキャッシュフロー(純現金収支=手元に残るお金)は当時、野村證券の社員としてもらっていた年収約600万円を超えました。

そして、お付き合いしていた男性との結婚を機に退職し、専業の不動産投資家としての道を歩むことにしたのです。

2017年　5棟目購入　所在地：東京都某区（最寄り駅から徒歩10分）
物件：築22年 重量鉄骨造アパート（1K・5室）　**価格**：4500万円
家賃：6万円前後　**利回り**：8％　**金利**：1.2％（信用金庫）
自己資金：300万円　**返済期間**：35年

結婚して間もなく、愛知から東京に転勤することになった夫と一緒に上京し、はじめて都内に買ったのが、この物件です。

家賃6万円前後の全5室の小さなアパートですが、最寄り駅から徒歩10分で、周辺環境もよいため、なかなか空きが出ない優良物件です。東京の不動産会社から好条件の物件を案内され、特にマイナス要素がなかったので、即決しました。

2017年　6棟目購入　所在地：愛知県某市（最寄り駅から徒歩3分）
物件：築19年 鉄筋コンクリート造アパート（3LDK・16室）
価格：2億円　**家賃**：8〜10万円　**利回り**：8％
金利：0.55％（都市銀行）　**自己資金**：2000万円　**返済期間**：30年

6棟目は一番の高額物件となりましたが、物件価格2億円に対して、積算価格（土地・建物の担保価値）が2億4000万円。つまり、「2億4000万円の価値がある物件が2億円で買える」という、めったにない好条件の1棟アパートでした。

最寄り駅から徒歩3分で家賃8万〜10万円、全16室。私が所有している物件で唯一のファミリー向けですが、駅近で周辺環境も申し分なかったので即決しました。

不動産会社から物件案内が届いた翌週には東京から愛知の現地へ下見に行き、その日のうちに「購入申込書」（買付証明書＝166ページ参照）を提出しました。

物件案内を見てよいと思っても、現地を下見したら実はよくなかったということもあります。一方、きちんと下見して現物と周辺環境に問題がなければ、とにかく早く手をつけないと、他の購入希望者に先を越されてしまいますから要注意です。

2019年　7棟目購入　所在地：愛知県名古屋市
物件：築4年 鉄筋コンクリート造テナントビル（3フロア）
価格：1億3000万円　**家賃**：40万〜50万円　**利回り**：8％
金利：1・2％（信用金庫）　**自己資金**：2700万円　**返済期間**：30年

このテナントビルは、東海道新幹線も停車するJR名古屋駅から徒歩7分。積算価格（土地・建物の担保価値）を調べたら、土地値が上がっているエリアでした。

周辺は再開発が進む予定もあり、これからさらに土地値が上がっていくことがほぼ確実視されています。

ここまで立地がよい物件は、なかなか出てこないので、これも下見をしたうえで即、「購入申込書」（買付証明書）を提出しました。他の購入希望者と競合したのですが、1番手で手付金（1000万円）を自己資金から支払って契約することができました。

これは、地元の不動産会社に紹介してもらわなければ、出会えない物件でした。

私は将来、地元・愛知で地域再生をするという大きな目標があるので、不動産投資をするなら愛知の物件を優先して買いたい、愛知の金融機関を優先して融資を受けたいという思いがあります。

そこで2019年6月から、地元で不動産投資をしている知り合いに「よい不動産屋さん、知らないですか？」と聞きまくっていたのです。

そのご縁で紹介していただいた不動産会社から、このテナントビルの物件案内が届いたのが同年8月。「そろそろ次の物件がほしい」とも思っていたところだったので、いきなり超優良物件が回ってきてラッキーでした。

この物件は売り主が売り急いで現金化したいという状況だったので、値引きをしてもらうことができました（102ページ参照）。

——以上が現在、私が所有する7棟の購入歴です。高額物件にもかかわらず1年に2棟買ったこともあり、立て続けに購入しているので驚かれたかもしれません。「億単位の物件まで買うなんて勇気があるなぁ」と思われた人もいらっしゃるでしょう。

「不動産投資で30歳までに資産10億円、40歳までに資産100億円」を目標にしている私にとっては、これでもまだ足りないくらいなのです。

2018年はスルガ銀行の投資用不動産への不正融資問題や、賃貸不動産大手のレオパレス21の施工不良問題も影響して、不動産投資家への融資が進まなくなりました。私にはどうすることもできない想定外の足止めを食らったので、結果的に30歳までに達成したかった目標には届きませんでしたが、目指している方向には着実に近づいていると思っています。

ポイント

図面通りの物件ではないケースもあるので注意する

不動産投資に欠かせない「財務3表」

不動産投資で順調に資産を増やすために欠かせない実務的なことを3つ、これから順番に説明していきましょう。

1つ目は、「資産」と「負債」の状況を表す「貸借対照表」（バランスシート）をつくることです。

不動産投資は「金融機関から借金するのはリスクが高そう」「お金のやりくりが難しそう」と思っている人は多いはず。でも実際のところ、誰にでも簡単につくれる貸借

「左に資産」「右に負債・純資産」の貸借対照表をつくる

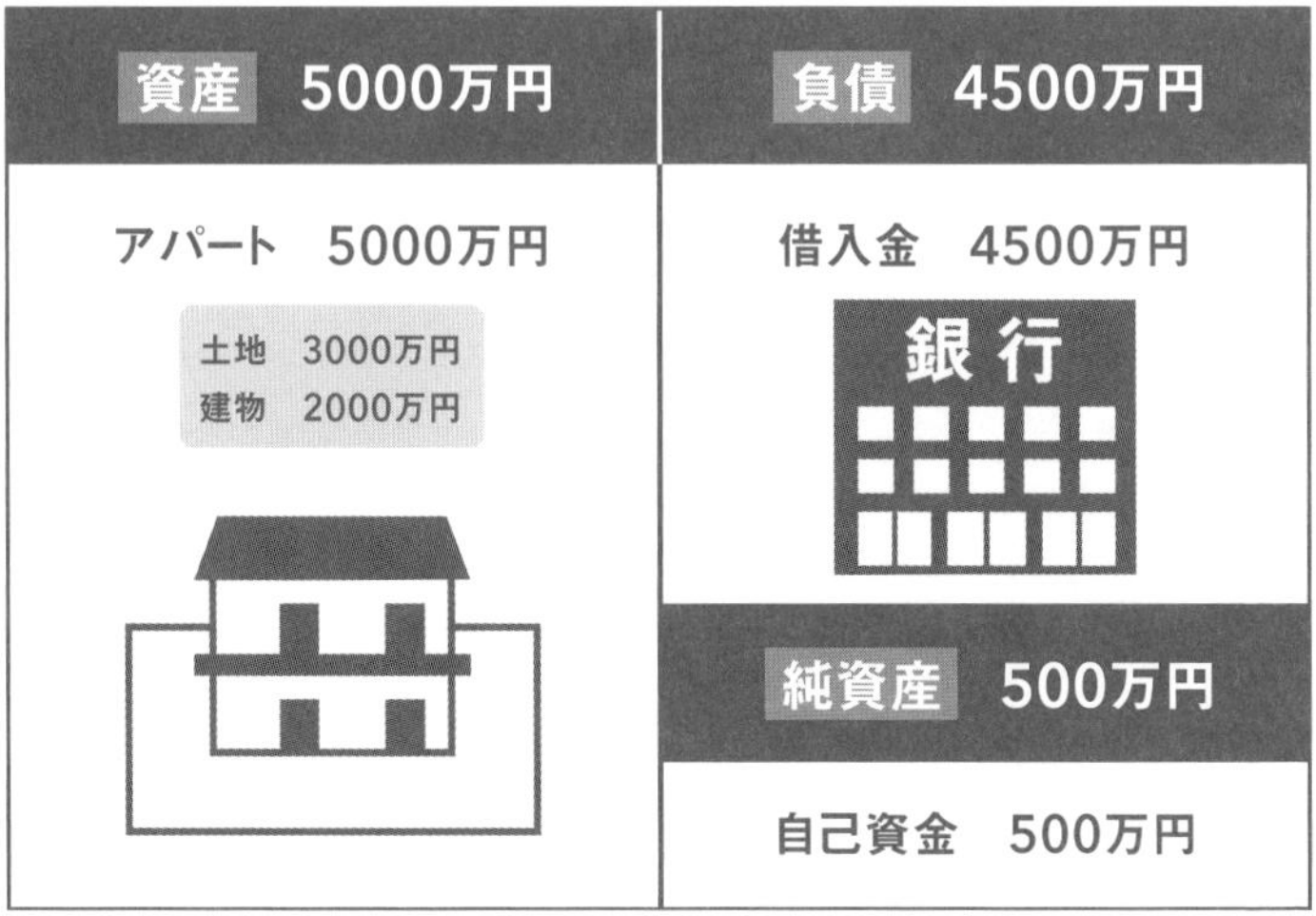

対照表で資産と負債を〝見える化〟しておけばリスクは回避できます。

貸借対照表は、上記のように左側に「資産」（土地・建物価格の総額）、右側に「負債」（金融機関からの借入金総額）を記入するだけ。資産と負債の差額が「純資産」（自己資金）になります。

この自己資金を増やしていくことが1つの大きな目標となります。

2つ目は「損益計算書」をつくることです。

損益計算書というと、ちょっと難しく感じるかもしれませんが、実はこれも簡単です。ざっくりいうと、物件ごとに「収入」「支出」を算出するだけです。

「収入」と「支出」を損益計算書で管理する

収入	
家賃	家賃収入
礼金・更新料	礼金・更新料収入
雑費	自動販売機収入など

支出	
管理委託費	管理会社への支払い
水道光熱費	共用部の電気・水道代
税金	購入初年度の不動産取得税・2年目以降の固定資産税を計上
保険料	火災保険料・地震保険料
修繕費	修繕積立と清掃費、入居者入れ替えの際のクリーニング費用など
雑費	ここまで挙げていない経費

私は7棟所有していますが、エクセルを使って物件ごとに収入（家賃など）と支出（管理委託費、共用部の電気・水道代、税金、保険料、清掃費、雑費などの運営費）を記入してチェックしています。

物件ごとにお金の出入りを〝見える化〟しておくと、「この物件はこの経費が他の物件より多いな」「清掃費は管理会社よりシルバー人材センターに頼んだほうが安い」「自動販売機を設置して毎月1万円くらい収入を増やそうかな」など、収入と支出を見直しやすくなります。

3つ目は、「NOI」（ネット・オペレーティング・インカム＝営業純利益）と「キャ

「財務3表」に慣れておこう

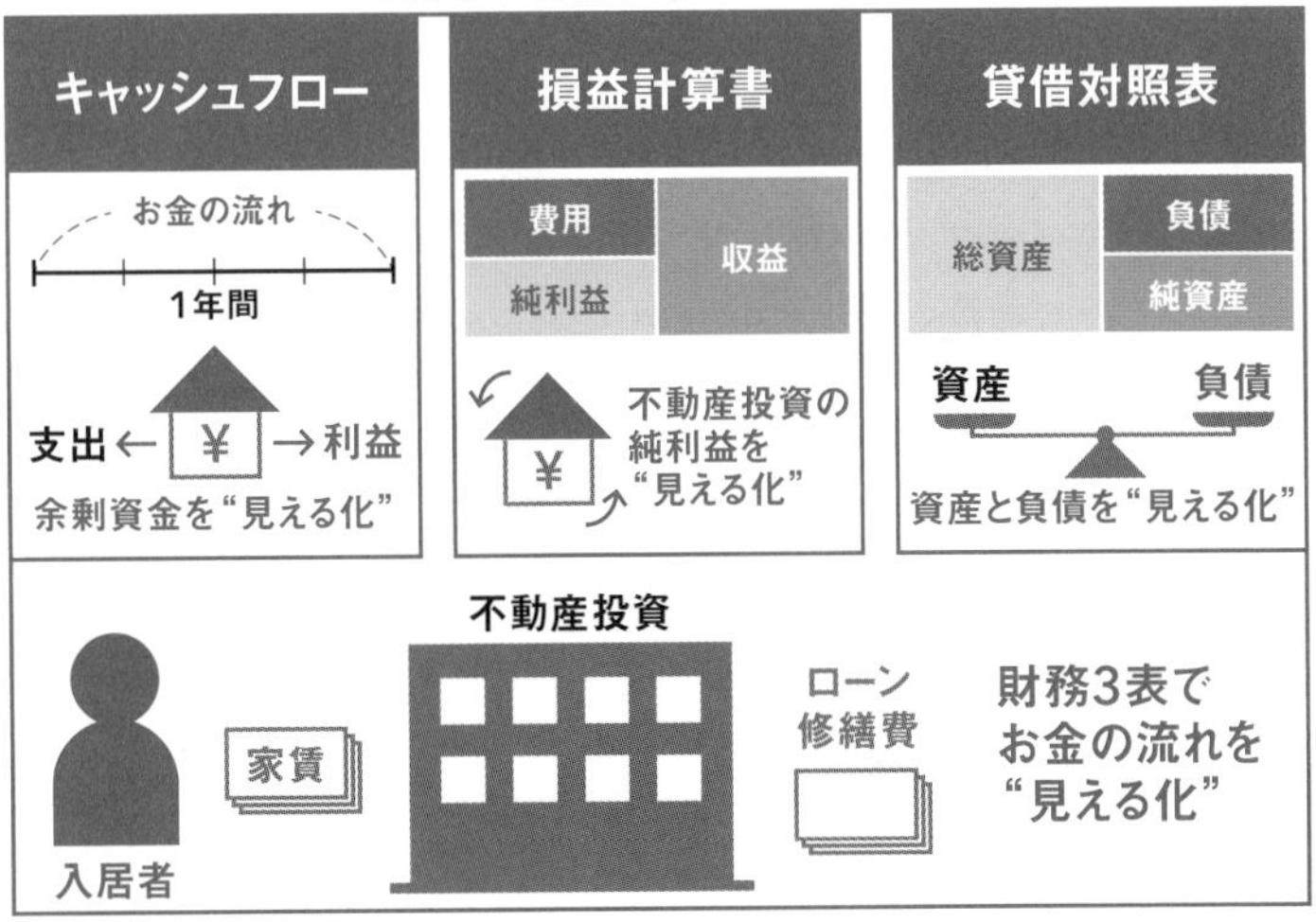

シュフロー（純現金収支＝手元に残るお金）」の計算です。

これは損益計算書をつけていれば、簡単に算出できます。

「ＮＯＩ」とは、年間の収入（家賃収入）から支出（運営経費）を差し引いた「営業純利益」のことで、物件の収益性（いわば実力）を示します。

ＮＯＩ（営業純利益）＝年間収入－年間支出

この「ＮＯＩ」から「ローン返済額」を差し引いたものが、キャッシュフローです。

キャッシュフローは、年間家賃収入の最低3%を目安にしています。急に修繕費が発生したりして、想定外の支出があっても、「キャッシュフロー3%」を確保しておけば安心です。

不動産投資に関わるお金の流れを、「貸借対照表」「損益計算書」「キャッシュフロー」で把握できるようになると、次の不動産投資に向けた事業計画もより戦略的に立てられるようになります。

「数字が苦手」という人でも、アプリやクラウドサービスを使えば、ほとんどのことは自動で計算できます。

財務管理は、物件を購入する前の返済シミュレーションや事業計画書をつくるところからはじまりますから、この財務3表に慣れるようにしましょう。

ポイント

財務3表でお金の流れを〝見える化〟しておく

「節税」よりも「節約」のほうが得策

年収数千万円以上の高所得者か、不動産や株式などを大量保有する資産家でない限り、「不動産投資で節税する」という考え方はいったん捨てたほうがいいです。

節税のために赤字決算すればするほど、個人や法人としての信用度が低下して、金融機関から融資を受けにくくなるからです。

特に私のように、将来の資産形成に向けて、不動産を買い増していきたいという人は、必ず黒字決算を出すようにすべきです。

不動産投資は税金を払えば払うほどメリットがあります。こういうと首をかしげられるかもしれませんが、税金を多く払えるだけ不動産経営が順調だという証拠になりますから、信用度が高まって金融資産的な属性が上がるのです。

私自身は、「節税のことは不動産投資を拡大して資産100億円の目標を達成した後で考えよう」と割り切っています。

個人の場合、年収が上がれば上がるほど累進課税で税率が上がり、1800万円を超える部分は40％、4000万円を超える部分は最高税率45％の所得税を払うことになります。

所得税に住民税を加えて考えると、個人所得への最高税率は55％（所得税45％＋住民税10％）にもなります。その点、たとえば香港とシンガポールには所得税しかなく、最高税率はそれぞれ17％と22％です。

一方、法人の場合は、どんなに利益が出ても法人税の税率は約30％に収まるので、収入が多くなれば個人より節税できます。そういう意味では、私も3棟目を購入するときに法人化したことは、節税につながっています。

私にとって節税らしきことはその程度で充分ですし、むしろ**「下手な節税対策に力を注ぐより、本来の不動産投資に力を注ぐ」**と決めているほどです。

一方、節税ではなく、節約に関して、私は一切妥協しません。

1円単位できっちり管理している私の家計簿

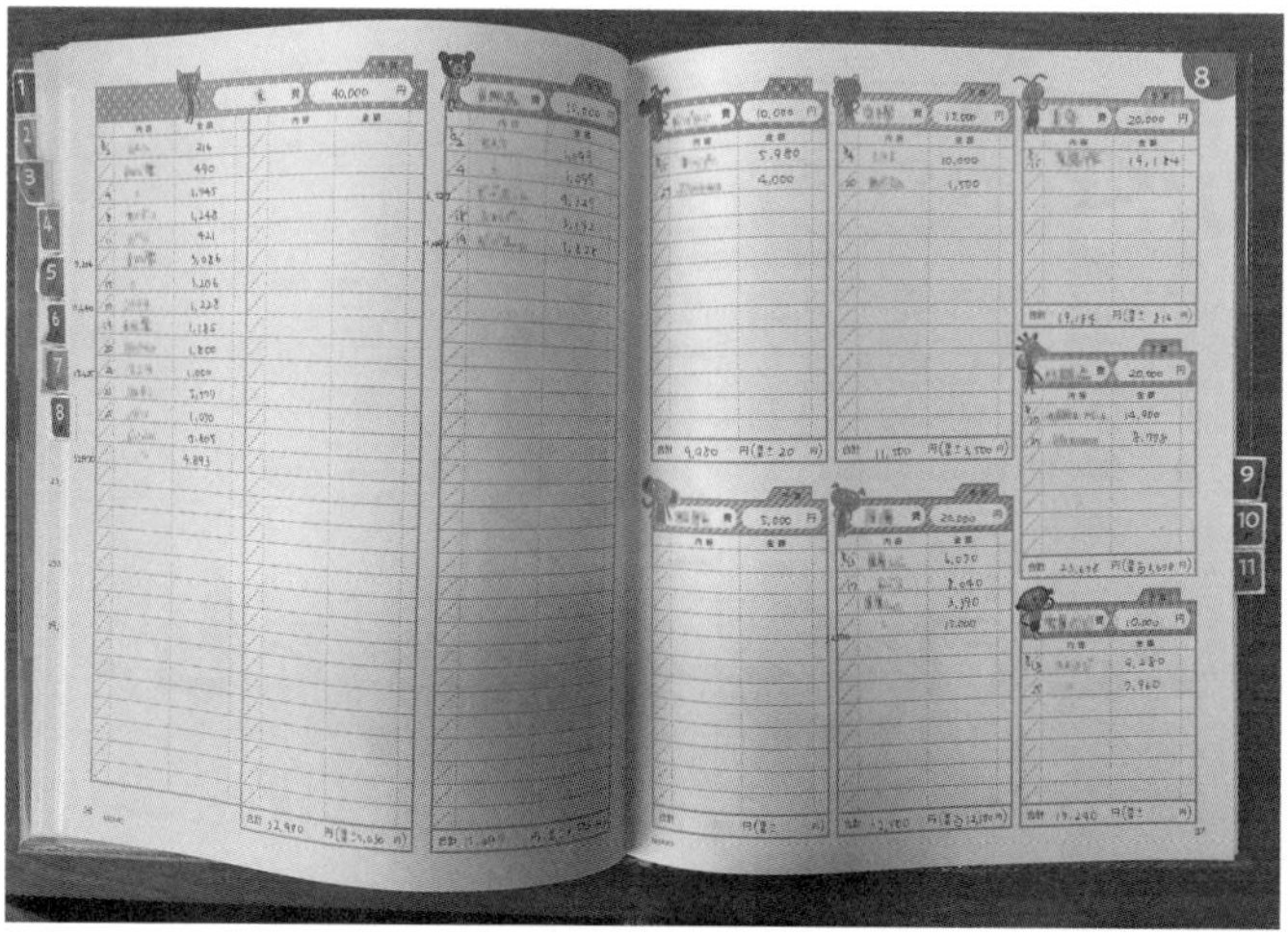

生活費は夫婦で月15万円だけ。いつもギリギリの生活を自分たちなりに楽しみながら節約しています。

大ざっぱに考えるのが嫌いなので、家計簿は1円単位でつけています。「1円単位で⁉」と驚く人もいるでしょうし、「そんな面倒くさいことを……」と呆れる人もいるかもしれませんが、これはもう私の性分《しょうぶん》なのだと思います。お金の流れを細かく〝見える化〟すると、節約も具体的に考えられるのです。

私は、外食をすることが基本的にありません。自分と家族の体をつくる食事には気を遣っており、自炊しているからです。コンビニで買い物をすることもなく、洋服やバッグなどは良質のものを買って、そのぶん長く使うようにしています。

住まいは賃貸です。将来的に不動産投資が落ち着いたら、自分の家を買ってもいいと思っていますが、そのときまではずっと賃貸に住み続けるつもりです。

体は資本で健康管理も投資だと思っているので、月1回は整体院や鍼灸院に通って体をメンテナンスしています。このように使うべきところにはお金を使い、節約できるところは徹底して節約しているのです。

ポイント

節税よりも金融機関の信用度を高めるほうが得策

COLUMN 1

72÷金利(%)＝お金が2倍になる年数

私がお金の大切さを知ったのは、大学生の頃でした。

実家のある愛知県から上京して女子大に進学したのですが、毎月の生活は仕送りから家賃を差し引いた3万円でやりくりしなければなりませんでした。

その3万円も所属していたダンスサークルのレッスン代や衣装代に消えて、1週間を1000円でやりくりしたこともありました。大学の授業は真面目に受けていましたが、空いている時間はアルバイトを5つも6つもかけ持ちする日々。交通費を節約するため、徒歩30分くらいの距離なら歩いて移動していました。

そんな私の生活を見かねた実家暮らしの友だちが、サンドイッチを差し入れしてくれたこともあったくらいです(笑)。

実家にいるときは、お金に困ったことはありませんでした。やりたい習いごとはすべてやらせてもらえましたし、美味しい料理も食べさせてもらえて、大事に育ててもらったと感謝しています。

それだけに、実家から遠く離れた1人暮らしで、お金がないことの苦労が身に沁《し》みたのです。同時に、「経済的な余裕がないと心の余裕もなくなる」ということを痛感しました。

野村證券に就職してからは、お金のことでさらに大きな衝撃を受けました。証券会社の社員というと、堅実に資産運用していると思われるかもしれません。私自身もそんなイメージを抱いていました。ところが、実際は違いました。

「経済を回せ！」という社風から、車を買ったり食べ歩いたりして、もらった給料をほぼ使い果たしている社員が多かったのです。

私も当初は、そういうものかな？　と思って、給料を全部使い切っていたのですが、尊敬する先輩のアドバイスもあって、会社の福利厚生の一環である「従業員持株会」で自社株を買いはじめました。

一方で、証券会社の営業として株式や債券をはじめ、いろいろとお金の勉強をして金融リテラシーを身につけたことで、世の中のお金のカラクリも見えてきました。

「複利」という言葉を知ったのも、証券会社に入ってからです。

ご存じの方も多いと思いますが、簡単に説明しましょう。たとえば元金１００万円があるとします。この１００万円を金利２％で１年間運用すると１０２万円になります。この２万円は元金１００万円についた利子です。次に２万円がプラスされた１０２万円を、再び金利２％で１年間預けたらどうなるでしょうか？

１年後には１０４万円ではなく、１０４万４００円になるのです。この４００円は、１年目に利子で増えた２万円についた新たな利子。つまり毎年、利子に利子がついて元金がどんどん増えていく。これが「複利」の効果です。

元金が2倍になるための年数がわかる「72の法則」というものがあります。これは複利の効果を概算するための計算式ですが、次の通りとても簡単です。

72÷金利(%)＝お金が2倍になる年数

たとえば、7%で運用した場合、72÷7≒10となり、元金100万円であれば、およそ10年で2倍の200万円になることがわかります。4%なら、72÷4＝18で、18年で2倍になる計算です。

一方で、100万円を銀行に預けっぱなしにしていたらどうなるでしょうか？

いま、銀行の金利は定期預金でも0・001%程度しかないので、72÷0・001で、なんと7万2000年もかかる計算になります。銀行預金は、お金を増やす効果がまったくないことがわかります。それでいてATM（銀行預金預け払い機）で自分のお金をおろすのに、手数料が100円かかったりしますからバカバカしくなります。

私は1989年生まれですが、生まれてすぐの1990〜91年当時の定期預金（1年）の金利は6%くらいあったそうです。いまでは考えられない恵まれた高金利ですが、これだと72÷6＝12と、12年あれば銀行に預金しておくだけで元金が2倍になる計算です。それがいまでは、定期預金の価値は目減りしていく一方。やはり、投資してお金に働いてもらわなくてはいけませんね。

第2章

失敗しない物件選びのコツ

調査して営業する力

「物件要望書」と「事業計画書」を作成する

私が1棟目を買う前、物件探しのために不動産会社を訪ね歩いていたときのことです。いろいろなタイプの不動産会社の担当者と話しているなかで、気がついたことがありました。

それは、**「不動産投資に対する自分の本気度を担当者に伝えなければいけない」**ということです。でも、「私は本気です！　頑張りますからよろしくお願いします!!」などと漠然とした熱意を伝えても説得力に欠けます。

優良物件を紹介してもらうためには、パッと見て本気度が伝わる「書類」を持参すると一気に説得力が増します。

私の場合、区分（1部屋）買いではなく1棟買いをする理由、希望エリア・価格帯・利回り、どれくらいのキャッシュフローを得たいかといった条件を「物件要望書」にまとめて渡します。そうすると、的外れな売れ残り物件を回されることも少なくなります。

一方、金融機関に融資の相談をするときは、「事業計画書」が必要です。

そこで、不動産会社への「物件要望書」と金融機関への「事業計画書」の書き方について、ざっと説明することにしましょう。

不動産会社への「物件要望書」には、次ページ上の項目を入れます。金融機関への「事業計画書」には、購入予定の物件概要に加えて、次ページ下の項目を入れます。

書類作成は、必要項目を入力するだけで自動的に作成できるアプリが便利です。クラウド会計ソフトでも簡単に作成できるので、事務作業が苦手な人はそうしたツールを活用するといいでしょう。

私は無料アプリ「アパート一棟買いＬｉｔｅ」を使用しています。

物件要望書や事業計画書は、不動産会社や金融機関の説得材料になるのはもちろんですが、そもそも不動産投資を成功させるために欠かせない具体的なシミュレーションになります。

不動産会社への「物件要望書」のサンプル

- ☑ タイプ：1棟アパート・マンション（単身者向け）
- ☑ 構造：鉄筋コンクリート造・重量鉄骨造
- ☑ 築年数：20年以内（鉄筋コンクリート造の場合30年まで可）
- ☑ エリア：愛知県
- ☑ 価格帯：5000万～2億円
- ☑ 公示地価：1㎡あたり15万円以内
- ☑ 路線：JR・名鉄・地下鉄沿線（徒歩10分以内）
- ☑ 表面利回り：8～13%

金融機関への「事業計画書」のサンプル

- ☑ 保有している金融資産の一覧
- ☑ 保有物件と収益実績
- ☑ 確定申告 or 源泉徴収票3年分
- ☑ 収支シミュレーション（入居率100、90、75%で想定／金利・返済年数は2～3パターン作成／経過年数ごとに家賃下落想定）
- ☑ 諸費用概算（物件価格の8%ほど）
- ☑ 勤務先：○△證券（同居家族の勤務先も）
- ☑ 年収：800万円（家族の協力が得られるなら世帯年収、なければ個人）

特に初心者の場合、固定資産税や保険料などの諸経費が、頭からスッポリ抜け落ちているケースが少なくありません。

また、不動産会社が作成する収支シミュレーションは、いい加減なケースが少なくありません。なかには、「30年間100％満室」を前提とした、非現実的な利回りでシミュレーションをするケースさえあります。

不動産会社は営業目的で甘い見積もりを作成することも考えられますから、買ったあとで「こんなはずじゃなかった！」なんてことにならないためには、しっかりと自分自身でシミュレーションをしておくことが肝心です。

ポイント

不動産会社と金融機関には資料の充実度でアピール

物件の築年数は自分の年齢までが目安

私が買う不動産は、基本的に構造が「鉄筋コンクリート造」など強度の高い物件に絞っています。なぜなら、金融機関から融資を受ける際に有利だからです。

金融機関は通常、税法上の「法定耐用年数」から融資期間を決めます。法定耐用年数とは、「建物が新築から無価値になるまでの年数」のことです。

法定耐用年数は、鉄筋コンクリート造が47年、重量鉄骨造（骨格材肉厚４㎜超）が34年。軽量鉄骨プレハブ造は骨格材肉厚が３㎜超４㎜以下は27年、骨格材肉厚が３㎜以下は19年。木造は22年です。

強度の高い物件のほうが、資産価値がゼロになるまでの法定耐用年数が長いので、融資期間を長めに確保できるという利点があるのです。

また、法定耐用年数の間は毎年、経費計上できるというメリットもあります。

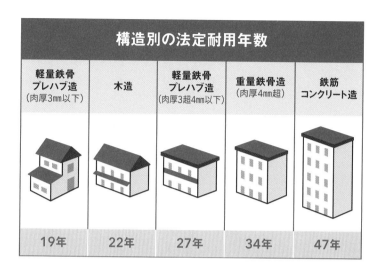

構造別の法定耐用年数

軽量鉄骨プレハブ造（肉厚3㎜以下）	木造	軽量鉄骨プレハブ造（肉厚3超4㎜以下）	重量鉄骨造（肉厚4㎜超）	鉄筋コンクリート造
19年	22年	27年	34年	47年

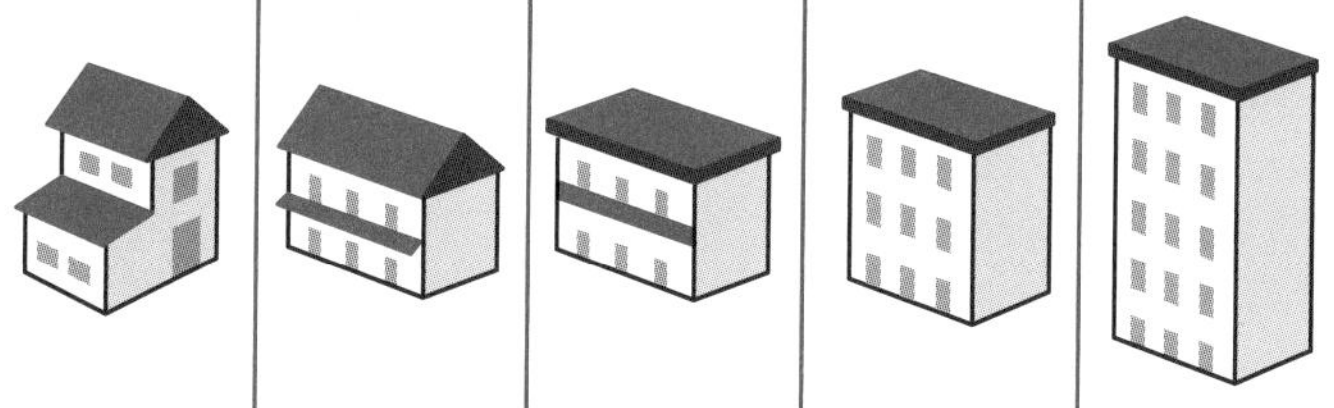

軽量鉄骨プレハブ造や木造は、壁や天井が薄い構造上の問題から、近隣の騒音が気になるなどトラブルが起きやすいのが難点です。また、耐用年数が短いほど資産としての価値も下がります。

かくいう私も2棟目に購入した物件は、木造アパートでした。木造とはいえ新築だったので法定耐用年数をフル活用できて、「客付け」にも苦労しないだろうと思って購入したのですが、完成まで8カ月もかかったことは前述した通りです。

その間は家賃収入ゼロですから、時間的に大きなロスが生じました。以来、新築のみならず木造や軽量鉄骨プレハブ造など、法定耐用年数が短い物件も購入しないことにしています。

投資する物件の築年数は、平成元年（1989年）生まれの私自身より年下の建物をいまのところ目安にしています。

2021年現在、築31年以内の物件を目安にしているということになりますが、そこはあくまで目安ということで、法定耐用年数と物件価格、融資条件によって柔軟に対応しています。

購入価格については、融資を受けられる限度額を考えて、当初は自分の年収の10倍くらいの金額で買える物件を目安にしました。

当時は年収460万円だったので、ざっと5000万円を目安にしていたのです。とはいえ、「物件要望書」に記載する希望価格帯には幅を持たせたほうが、不動産業者に優先してもらいやすくなります。

私が不動産投資をはじめたときは、5000万円くらいの1棟物件を探していましたが、物件要望書には「5000万〜2億円」とあえて幅を持たせて伝えていました。

不動産会社としては高額物件のほうが手数料収入は増えますから、ちょっとでも情報を有利に得るために上値に幅を持たせたのです。

ポイント

物件構造は基本的に
鉄筋コンクリート造・重量鉄骨造に絞る

物件の階数は「4階まで」

エリアについては当初、地元であり勤務地だった愛知県内を第一希望にしていましたが、「自分が電車などの公共交通機関で現地に行ける範囲の物件であればよし！」として、その後は東京や千葉の物件も買いました。

これからは他の地方にも手を広げていくかもしれませんが、その場合は全国に20市ある「政令指定都市」を目安にします。最寄り駅は、特急や快速が止まる駅が理想ですが、そこから1駅か2駅くらい離れていても許容範囲にします。

単身者向け・ファミリー向けの違いも大切なポイントです。

私自身は、20〜40代の単身者か単身赴任の「男性」をメインの入居者として想定しています。女性向けは「オートロック完備」などセキュリティが充実している物件のニーズが高いため、不動産の価格帯が一気に跳ね上がるからです。

ただし、単身の男性向けだからといって、風呂・トイレ付きであれば家賃が安い、いわゆる〝ボロ物件〟でもいいかといえば、そういうわけではありません。

家賃が安い物件に住む人には、それなりの理由があります。場合によっては、汚く使われたり家賃が滞納されたりといった懸念もあります。

そういったリスクを避けるためにも、「単身・男性・会社員」をイメージして物件選びをしているのです。

物件の階数は「4階まで」にしています。それは5階建て以上の建物にはエレベーターが未設置だと入居者募集の難易度が高まるからです。

エレベーター付きの物件は、定期的にメンテナンス費用がかかりますし、取り替え工事になると数百万円単位の大きな出費となります。私はこれを避けるため、4階建て以下の物件だけにしています。

ただし、打ち明けると1つだけエレベーター付きの物件があります。それを保有したから、あらためてエレベーターなし物件を選ぶ大切さを痛感しているのです……。

そういう意味でも、男性単身者を入居者の基準とするのは正解だと思っています。男性なら、毎日4階まで上り下りすることも、運動がてら許容範囲と考えてくれる人が少なくないでしょう。

単身者向けの物件は、最寄り駅から徒歩10分以内で、近所にコンビニ・ドラッグストア・銀行などがあって生活に便利な環境だと、一時的に空室が生じても埋まりやすいです。

ファミリー向けの物件であれば、近くにスーパー・学校・病院があるほうが有利です。地方都市だと車を所有する世帯が多いので、駅に近いよりも、駐車場付き物件のほうがニーズは高まります。

こうした条件は、後から変えることができないので妥協しないことが大事です。

ポイント

入居者像を明確にして
コスト高のエレベーター付き物件を避ける

投資家になるか？　大家さんになるか？

物件選びのポイントの1つに「利回り」があります。

利回りとは、投資した金額に対して得られる「見込み収入」の割合です。

その利回りには「表面利回り」と「実質利回り」があります。

表面利回りとは、「年間家賃収入」を「物件価格」で割ったもの。とてもシンプルに計算できますが、あくまでも「満室」を前提とする単純計算です。賃貸経営の諸経費も計算に含まれませんから、簡易的な目安として役立てます。

一方の実質利回りは、「管理費」「修繕積立金」「保険料」「固定資産税」など「年間経費」を含めて計算するので、より現実的な数字を割り出せます。

不動産会社の物件情報では、簡易的な「表面利回り」を記載するケースが多いです。

一方、私自身が物件購入時にシミュレーションするときには、想定される「年間経費」を含めた「実質利回り」で計算しています。

なお、諸経費を除いた年間家賃収入は、不動産会社の物件情報に記されている「物件価格」と「表面利回り」をベースに概算できます。

物件価格(円)×表面利回り(%)＝年間家賃収入(円)

例：物件価格5000万円×表面利回り8%＝年間家賃収入400万円

物件情報に記載されている表面利回りは、地域や物件にもよりますが、たとえば東京23区内だと4～5%が平均的とされています。物件の購入価格が比較的安い地方では10%を超えるケースもありますが、私自身は8～10%を目安にしています。

ただし、利回りは高ければ高いほどよいわけではありません。

「表面利回り」と「実質利回り」

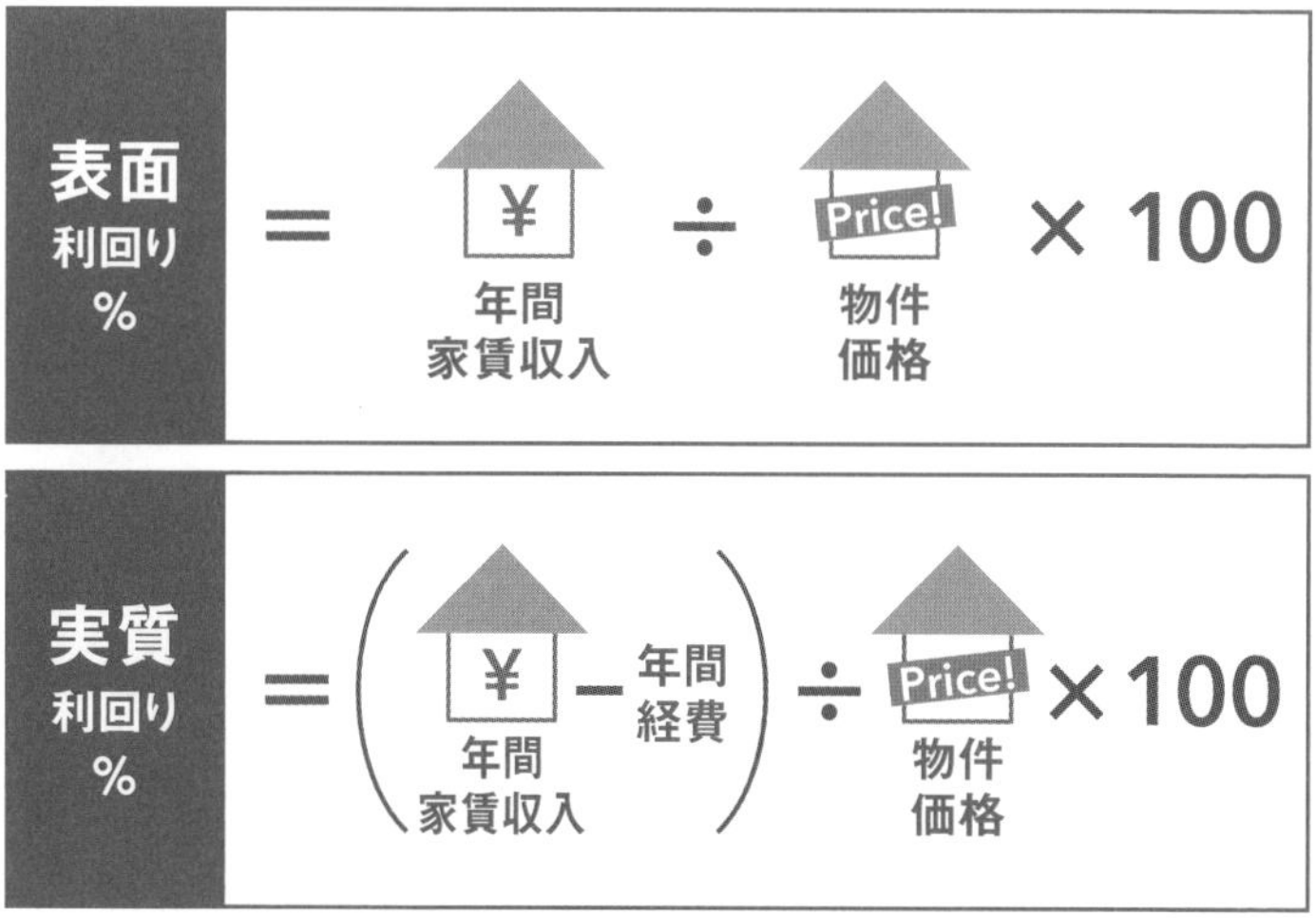

表面利回りが高いということは、ざっくりいうと、満室を前提とした「年間家賃収入」に比べて「物件価格」が安いということ。表面利回り20〜30％と高利回りの物件は、物件価格を下げないと買い主がつかないなど、なんらかの問題を抱えている可能性もあるということです。

具体的には、「立地が悪い」「空室が多い」「多額のリフォーム費用がかかる」「前の入居者の残置物がある」といったケースが考えられます。

もちろん、「そのくらい問題ない。残置物は自分で処分するし、掃除も片づけもできる。DIYが好きだからリフォームも得意。立地が悪くても、安ければいい」という人もいるでしょう。オーナー（大家さん）である自分自身が、手間暇かけてガッツリと物件管理に関わる覚悟と能力があれば、多少条件が悪くても高利回りの物件を購入していいかもしれません。

不動産投資関連の本にも、インターネット上にも、大家さんが自ら物件を管理するためのノウハウが、たくさん公開されています。業者に頼むとお金がかかるので、大家さんがDIYでリフォームするケースも増えています。

入居者とのコミュニケーションも増えますが、そういうことが好きな大家さんも実際にいます。趣味の延長のような感覚で、〝大家さん稼業〟をする人もいますが、それはそれで自分のライフスタイルや志向に合致しているのですからよいことでしょう。

私自身は、あくまで投資家として「不動産賃貸業」に携わるというスタンスです。不動産賃貸業を拡大して、将来的に自分がやりたい目的を実現するために不動産投資をしているのです。

これは「なんのために不動産投資をするか？」という不動産投資家としての根本的

な思想の違いからくるものです。
大家さんとして、自分でとことん物件管理をしたい人がいるとしたら、それが自分の目的に合致していればよいのです。でも、私自身はまったくの逆。物件管理はむしろストレスなので、基本的には管理会社に委託しています。

そもそも現時点で7棟の物件を保有し、これからも物件数を増やしていく予定ですから、すべての物件を自分自身で管理するというビジネスモデルでは成り立ちません。不動産投資は、目的を実現するための手段なので、大家さん業に100%力を注ぐわけにはいかないのです。

同じく、会社員として仕事を続けながら不動産投資をはじめるのなら、そもそも大家さん業をしている暇などないでしょう。

「投資家になるか？　大家さんになるか？」の違いは、「資産に働いてもらうのか？自分が働くのか？」と同じくらい方向性が違います。
大家さんになりたい人は、第5章の「タイプ別おすすめ不動産投資」で事例も紹介していますので、ぜひそちらも参考にしてください。

ポイント

「なんのために不動産投資をするか？」を自問して物件選びをする

収支をシミュレーションする方法

失敗しない不動産投資に欠かせないのは、さまざまなリスクを含めた現実的な収支のシミュレーションをしておくことです。

買いたい物件が見つかったら、「楽待」（www.rakumachi.jp/property/investment_simulator）などの不動産投資情報サイトにある、シミュレーションサービスやアプリを利用して、必ずキャッシュフローを算出します。

「物件価格」「表面利回り」「物件構造」「築年数」「建物面積」を入力するだけで、向こう30年以上にわたる「キャッシュフロー」「実質年間収入」「累計キャッシュフロー」「修繕が必要な時期」「ローン完済時期」「減価償却終了時期」などが、すべて一覧で確認できます(次ページ参照)。

損益計算書も、アプリで簡単につくれるので、わかる範囲で数字を当てはめて収支をシミュレーションしましょう。

私がシミュレーションするときは、投資する物件の入居率を厳しめに見積もって75%で計算しています。一般的には、入居率90%をベースに試算している人が多いのですが、私は厳しめの数字を前提にしているのです。

実際のところ、私が所有している物件で、入居率90%を下回っている物件は1つもありません。ただ、どんな物件でも、収支が合わないと賃貸経営する意味がないので、将来的には物件の価値が下がって、家賃も下がることを見越したうえで入居率75%をベースにしています。

金融機関から融資を受けるときも、入居率75%で厳しめに想定しつつも、フリーキャッシュフローが2~3%出るシミュレーションをしておくと受理されやすいです。

金融機関は通常、入居率90%(厳しいところでも80%)でシミュレーションします。そ

現実的な収支のシミュレーションをしてみる

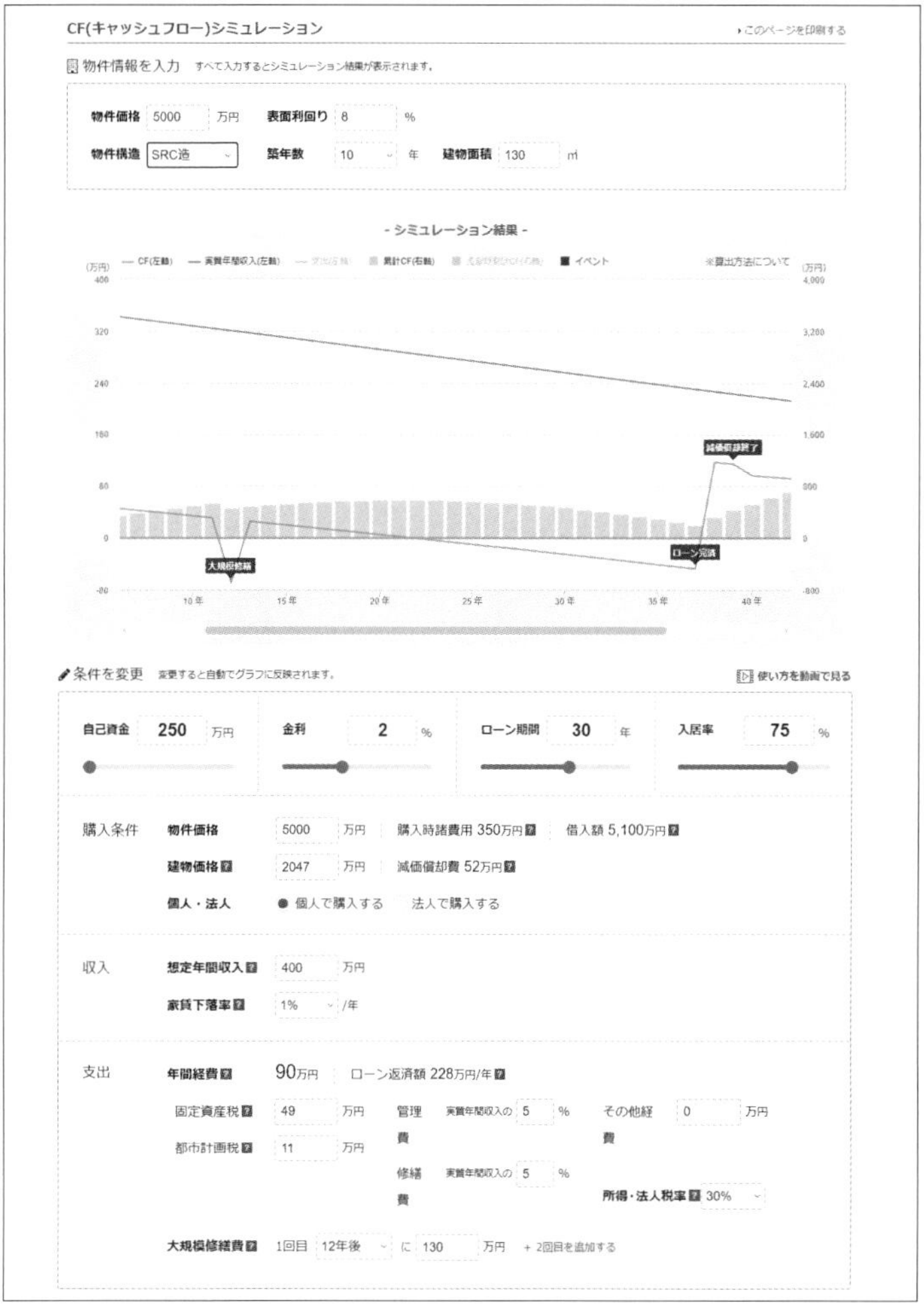

出所:「楽待」(www.rakumachi.jp/property/investment_simulator)

れよりも厳しい入居率75％のシミュレーションを提出することで、リスク管理がしっかりしていると受けとめてもらえるメリットもあります。場合によっては70％や60％とさらに厳しいシミュレーションにすることもあります。

ポイント

入居率75％と厳しめに設定して
収支のシミュレーションをする

優良物件ほど一般の目に触れない

不動産の物件情報はインターネット上にあふれており、スマホでも手軽に検索できます。私も各地の不動産価格の相場を知っておくために、チェックすることがないわけではありません。

しかし、優良物件は基本的にインターネット上には出てきません。というより、「一般の目に触れる場所には出てこない」といったほうが正しいでしょう。

なぜなら、売りに出された瞬間、不動産会社が贔屓《ひいき》にしている顧客に直接紹介するからです。そして、優良物件であればあるほど早く買い手がつきますから、一般の目に触れないというわけです。

不動産は、株式のように証券取引所などの市場を通して公開取引されるのではなく、仲介業者を通して売り主と買い主が当事者同士で相対《あいたい》取引するので、**結局のところ不動産の物件情報は人から人へ伝わるアナログ情報が一番貴重なのです。**

こういってもピンとこない人がいると思うので、優良物件の取引が成立するまでの流れを簡単にたどってみましょう。

まず、優良物件の情報は、そのエリアに強い不動産会社がいち早く入手する傾向が強いです。というのも、そのエリアの地主や不動産のオーナー（売り主）とよくコンタクトをとっているからです。

「不動産を売りたい」という売り主が最初に相談をするのは、地元の不動産会社であることが多いわけです。

その不動産会社の担当者は、条件のよい物件を探している買い主とつながっていることが多いので、そうした買い主候補へダイレクトに優良物件を案内するため、優良物件であればあるほど一般公開する前に取引が成立してしまうのです。

優良物件は「川上物件」とも呼ばれます。川の上流のほうで取引が成立してしまい、川下まで情報が流れてこないことのたとえです。逆に、チラシが自宅にポスティングされていたり、電信柱に広告が貼ってあったりする物件は、なかなか売れずに下流に溜まっている「川下物件」ともいわれます。

ひと言で不動産会社といっても、「売り仲介（元付け）業者」と「買い仲介（客付け）業者」に分かれます。

元付け業者とは、顧客から直接、売買の依頼を受ける不動産会社のことです。これに対して売り主や買い主を見つけて仲介する業者を「客付け業者」といいます。不動産仲介業では、元付けと客付けが分かれており、両者が共同して売買取引を成立させることが多いのです。

「不動産を売りたい」という売り主を相手にしている元付け業者の主な仕事は、売り主の相談を受けて、国土交通省から指定を受けた「不動産流通機構」が運営する「REINS」（レインズ）という「不動産情報ネットワークシステム」に通常は物件を登録します。

その後、登録した物件に目をつけた客付け業者が現れると、買い主を見つけて販売してくれます。そこで契約が成立すれば、元付け業者に仲介手数料が入ってくる仕組みです。

ただし、売り手と買い手の双方から仲介手数料を得る「両手《りょうて》仲介」を狙ったり、仲間内に物件情報をとどめておきたかったりして優良物件ほど登録せず、つき合いのある買い主へ紹介して売買が成立してしまう傾向が強いのです。

もし売り主が手放したい物件と、買い主が探している物件の条件が合わなければ、より広く情報提供しなければならないのでレインズに登録し、その物件情報から各地の業者がポータルサイトなどにアップします。人気のポータルサイトは、アットホーム（www.athome.co.jp）や、SUUMO（suumo.jp）などがお馴染みです。

ポイント

優良物件ほど不動産業者から買い主候補へとダイレクトに情報が案内される

不動産会社に手みやげ持参で〝逆営業〟

では、どうすれば「川上物件」の情報を入手できるのでしょうか？

川上物件を紹介してもらうには、「不動産会社を味方につける」しかありません。そのために私は不動産会社に〝逆営業〟をかけています。

不動産業界は、人と人とのアナログな人間関係がモノをいう業界です。他のお客より優先して貴重な情報をもらうためには、不動産会社の担当者との人間関係が大事になるのです。

些細なことですが、私は不動産会社を訪れる際、必ず差し入れの「手みやげ」を持参しています。

普通に考えれば、不動産会社にとって私は顧客ですから「手みやげ」を持参する必要はありません。けれども逆の立場で考えると、手みやげという心遣いをするだけで、お客としての印象がよくなると思うのです。

打算的といわれれば、そうかもしれません。しかし、人と人との良好なお付き合いには、こういう気遣いも大切なのです。

買い主と売り主で上下関係ができてしまうと、買い主は無意識のうちに上から目線になったり、言葉遣いが横柄になったりしがちです。

これは私自身が証券会社で営業する立場として、イヤというほど実感したことでもあります。そういうことにならないように、私は手みやげを持参しますし、丁寧な言葉遣いを心がけています。常に営業する立場になって考えることを忘れないようにしているのです。

間違ってもやってはいけないのは、「自分はお客なんだから」とふてぶてしい態度を

不動産業者を味方につける3つのポイント

- 自分が希望する物件の条件をできるだけ具体的に伝える
- 担当者に面会するときは「手みやげ」（差し入れ）を持っていく
- どんな物件案内にも丁寧に返答する

とったり、高圧的な物言いをしたりすることです。

不動産会社にしてみれば、どんな買い主も、たくさんいるお客の1人に過ぎません。「この人は面倒だ」と思われたら、優良物件が優先的に入ってこなくなるかもしれません。担当者に上から目線で接しても、一銭の得にもならないのです。

私は不動産会社の担当者の電話番号を、すべてフルネームでスマホに登録しています。そして、電話がかかってきたら、たとえば「斎藤さんですね、お電話ありがとうございます」というふうに真っ先に名前を呼んで、こちらからご挨拶します。

すると電話をしてきた担当者は、「えっ、なんで名前がわかったの⁉　あっ、自分の名前をわざわざ登録してくれているんだ！」と好印象を持つと思うのです。

こうしたことの積み重ねで、「いい物件が出てきたら、最初に案内してあげよう」と、すぐに私の顔を思い出してもらえることを期待しています。

不動産会社の担当者には、「私がお渡しした物件要望書に合う物件が出たら、すぐにメールでお知らせください」とお願いしておきます。

実際のところ、希望条件にバッチリ当てはまる物件はなかなか出てきません。ときには的外れの物件情報が送られてきたりもします。それでも、物件案内のメールは1件もスルーすることなく、丁寧に返信します。

興味のない物件案内のメールは既読スルーして、返信しない人が多いようなので、不動産会社からのメールに丁寧に返信するだけでも、他のお客と差別化できるのです。

送ってもらった物件を見送る返事をメールするときも、配慮を欠かさないことです。まずは物件を案内してくれたことに感謝し、購入できないことをお詫びします。

そして、希望に合わない条件を具体的に説明すると、担当者が次に物件を選ぶときの判断材料になります。案内していただいた物件に関するやりとりを通して、担当者と密に連絡をとるようにして関係を深めていくのです。

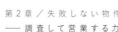

不動産会社へのメール返信例

斎藤様

いつもお世話になります。
ご案内ありがとうございます。

積算オーバーの物件はよいですね。
こちらのエリアですと、利回りがもう少し高いと嬉しいです。
指値交渉は可能でしょうか。

ご確認お願い致します。

八木

八木様

いつも大変お世話になっております。
斎藤です。

本物件の融資は武蔵野、東和、東日本、栃木、埼玉懸信などが
想定されると思われます。

現在空室5部屋はオーナーとの相場観及び、
原状回復等修繕の必要性の共有ができておらず、
募集体制がとれていなかったのが理由だそうです。

■空室部分は売主負担にて原状回復予定です。
■修繕履歴は直近では無しですが、10年ほど前に外壁・防水は実施

地図　https:// [redacted]
外観　https:// [redacted]

ここで1つ、不動産会社にとっては、ちょっと意地悪な「よい担当者の見分け方」を紹介しましょう。

気になる物件について、物件概要に載っていないことを尋ねてみるのです。たとえば、「この物件には、どんな人が入居しているのですか？」と尋ねてみます。

こうしたことは、大家さんや管理会社にわざわざ確認しないとわからないので、すぐには返答できません。

それでもちゃんと確認して後日きちんと連絡があれば、誠意があって信頼できる担当者だと思っていいでしょう。

ポイント

不動産会社の担当者には
敬意を持って接して味方につける

売り急ぐ物件での値引き交渉

私が7棟目に購入した物件は、「売り主さんが相続税を支払うために売り急いでいます」と不動産会社の担当者から聞いたので、「○月×日に入金するので、少し値下げできますか？」と交渉したところ、億単位の物件価格の端数分を切って、数百万円もディスカウントしてもらえました。

相続税は、被相続人が亡くなった日の翌日から10カ月以内に全額支払わなければいけません。仮に2億円の不動産を配偶者が相続すると、相続税は数千万円単位に及びますから、預貯金から支払えない人は、不動産や株式などを売却して納税しなければなりません。私はそういう売り主とのご縁をいただいたわけです。

売り主には、「希望の価格より多少安くなってもいいから一日も早く売りたい」という人もいれば、まったく急ぐ必要もなく「とりあえず売りに出してみようか」と余裕のある人もいます。

前者の場合、なんらかの金銭的事情を抱え、売り急いでいるため、スピード勝負で手続きすると値引き交渉がうまくいくことがあります。

不動産を売り急ぐケースは他にもあります。たとえば離婚して、夫婦の共有名義で購入した物件を売却したい人。人生の幕引きを事前準備する「終活」で、生前に自宅を引き払って老人ホームなどの終《つい》の住処《すみか》に移りたい人。テナントビルであれば、業績不振で自社所有の事業所を清算したい経営者などもいます。

前述したように不動産は、上場株式のような公開取引ではなく、仲介業者を通じた売り主と買い主の相対取引なので、ある程度の相場はあるものの「適正価格」というものはあってないようなものなのです。

ポイント

売り急ぐ不動産はスピード勝負で割引交渉

「積算価格」が高い物件を探す

金融機関から融資を受ける際、銀行は貸し倒れを防ぐため、不動産の「担保価値」を評価します。そして、万が一返済できなくなった場合（債務不履行）に備えて、土地や建物を担保に「抵当権」が設定されます。

そうした土地・建物の担保価値には、**「積算価格」「収益価格」**があります。

「積算価格」は、シンプルに土地・建物の評価額を足し合わせた価格です。

一方の「収益価格」は、家賃収入から計算された不動産価格。諸経費（運営費）を差し引いた年間利益を計算して、期待できる利回りから不動産価値を算出した価格です。将来的に得られる予定のキャッシュフローから、現在の物件価値を評価した価格ともいえます。

私の不動産投資法は、ひと言でいうと**「積算価格が高い物件の1棟買い」**です。

「積算価格」と「収益価格」

積算価格 ＝ 土地価格 ＋ 建物価格

土地価格：（土地単価 × 土地面積）

建物価格：再調達価格※1（107ページ参照） × 延べ床面積 × 建築単価 ×（残存法定耐用年数 ÷ 法定耐用年数）

収益価格 ＝ 1年間の物件の「純収益」（年間家賃収入 － 年間運営費） ÷ 還元利回り

1年間の物件の「純収益」：（年間家賃収入 － 諸経費・公租公課など）

還元利回り：地域ごとに定められた利回り

※主な数値は金融機関によって評価が異なります。

これまで投資した7棟の物件はすべて〝積算価格重視〟で選び、純資産（自己資金＝60ページ参照）を順調に増やし続けてきたのです。

　将来的な家賃収入から計算する収益価格ではなく、いま確実にある土地・建物の積算価格で、金融機関から合格点をもらえる物件を買う。そうすることで、その担保価値をもとにさらに融資を受けて、どんどん不動産（資産）を増やしていくのが、私のビジネスモデルです。

　1棟買いした純資産は金融機関からの借り入れの際、担保になります。積算価格が高い物件を所有していれば、担保としてのレバレッジが効くので、借入金が増えても不動産投資を拡大できるのです。

私のように純資産を増やしていくなら、「積算価格」が高い物件を1棟買いするほうが断然有利になります。

積算価格が高い物件は、まず土地の価格を調べます。土地値の評価方法としては、国税庁の「路線価」（路線もしくは道路に面する標準的な宅地の1平方メートル当たりの価格）や、国土交通省の「公示地価」（地価公示法にもとづいて土地鑑定委員会が公表する土地の価格）を利用して計算します。

「路線価」や「公示地価」は毎年更新されるので、その年の最新の価格を確認します。両方とも調べたい大まかな住所（例：千葉県千葉市稲毛区）と年度（例：２０２１）とともにインターネットでキーワード検索すれば出てきます。

参考までに次のページの通り、私が買った不動産を例に、実際の数字を当てはめて計算してみましょう。

一方、家賃収入から計算された収益価格で融資を受けた区分（1部屋）マンションは、いざ次の物件を買おうとしても担保が足りなくなりがちです。結局は、給与やボーナ

「積算価格」の計算方法

土地路線価	土地面積	建物面積 延べ床
1㎡あたり 87,000円	838.13㎡	915.12㎡

土地価格の計算　87,000(円)×838.13(㎡)＝72,917,310円

（正方形の土地ならこれでOK
角地や間口が狭く奥行きが長い「旗竿《はたざお》地《ち》」の場合
評価が変わる場合もある）

建物価格の計算（築27年鉄筋コンクリート造の例）

再調達単価×延べ床面積×(残存法定耐用年数÷法定耐用年数)

※1
200,000(円)×915.12(㎡)×(20÷47)＝77,882,553円

土地価格＋建物価格＝72,917,310(円)＋77,882,553(円)
＝150,799,863円

積算価格　約1億5000万円と判断できる

※1「再調達単価」とは建物を再び新築した場合の1m²あたりの価格（鉄筋コンクリート造の場合は20万円／m²、重量鉄骨造は18万円／m²、軽量鉄骨・木造は15万円／m²）

スなどの収入を当てにされてしまう可能性があります。

たとえるなら、私が積算価格をベースに購入した物件は、現在価格が１１０とか１２０のものを、１００で買っているようなイメージ。これに対して、収益価格をベースに買う区分マンションは、担保価値が１００欲しいところを70、80のレベルで買っているイメージ。そのマイナス20、30のリスクが、将来的に膨らみかねません。

不動産投資という事業を拡大させていきたい人にとって、赤字決算にならないようにするのはとても大事なことです。なぜなら、金融機関は赤字決算で担保もないオーナーには、なかなか融資をしてくれないからです。私自身はそういった先々のことまで考えて、積算価格重視で1棟物件に投資し続けています。

ポイント

純資産を増やすなら
「積算価格」が高い物件を1棟買い

「2度と手を出さない！」と決めた2つの失敗体験

これまで7棟の物件に投資してきて、それぞれの不動産賃貸業は順調に進んできていますが、実はいまだったら同じ物件は買わないと思っている物件があります。

2015年に私が2棟目に購入した愛知県某市にある8部屋の新築木造アパートです。最寄り駅から徒歩3分と好立地の土地を購入後、上屋を立てるという物件で、価格8400万円、利回り7・6％、自己資金100万円で、不動産会社から紹介された金融機関から1・975％での低利で融資を受けました。

不動産会社に建築士も紹介してもらい、上屋を設計してもらいました。当時はほとんど知識がなかったので、建築士の意見をそのまま反映しました。

このアパートはシックでスタイリッシュな印象にしたかったので、ブラックが基調の外観にしました。ずっと満室続きなので、特に苦労はしていません。

何が不満なのかというと、前述のように購入を決めてから物件が建つまで8カ月ほどかかったこと。新築物件は、購入してから入居者が入って家賃が入るまでのスピード感に欠けます。それだけ時間を費やすのなら、他の中古物件を探して不動産投資を加速することができたのに……と思ったのです。

それともう1つ。商業施設への事業投資の話に騙された苦い経験もあります。

2棟目を買って、資産1億円超えとなり、気分が高揚していたときのことでした。たまたま参加した不動産投資セミナーで、「地元を活性化したい」という将来の夢をお話ししたのです。するとセミナーの講師が私の夢を上手に絡めながら、「不動産投資もいいですが、事業投資をしてみませんか?」と声をかけてきたのです。

「新しくオープンする商業施設のプロジェクトがあるので、そのうちの1店舗分のオーナーになってみては?」という話でした。

「店舗運営は店長を別に雇って任せるので、その初期投資分に出資すれば、地域活性化にも貢献できると思いますよ」と、私のツボを押さえた巧みな勧誘に、「たしかに、それならいいかも」と、すっかり乗り気になってしまいました。

不動産投資が順調に進んでいた私からすると、打診された100万円は出せない金額ではなかったので、「これもご縁かな」と思って軽いノリで出資を決めたのです。

ところが、いつまで経っても、その商業施設の建設は進む気配がありませんでした。セミナー講師に連絡してもなしのつぶて。その結果、オープン予定日になっても柱と床だけの空っぽの状態で、がく然としました。

被害に遭ったのは私だけではなく、その後「被害者の会」もできたのですが、ちょっと高い勉強代だったと思って私は割り切りました。

勧誘された事業のことをよく調べもせず、きちんと途中経過も追わなかった私にも落ち度があると思っています。

この2つのミスから学んだことは、「自分でよく理解できないもの、完成した現物を確認できないものには投資をしない」ということです。

これは不動産投資だけに限りません。私の周りには、保険や金融商品の話に騙されたことのある人がけっこういます。

少し預貯金が増えてきて、「そろそろ投資でもはじめようかな」と思っている20〜30代の会社員や主婦層が被害に遭う傾向があります。

「マレーシアの金融商品に投資してみたら、マイアミのマフィアとつながっている詐欺商品だった」という怖い話を聞いたこともあります。

騙されていることに気づいて途中でやめられる人はまだいいほうで、騙されていることにすら気づいていない人も多いようです。

被害の内容を聞いてみると、私と同じように投資セミナーで講師から話を持ちかけられたケースがほとんどでした。

このような被害に遭わないためには、**金融庁の許可が下りている業者が販売する金融商品以外には手を出さないことです。**

投資セミナーに参加する場合も、甘い勧誘には乗らないでください。その自信がない人は、これといった実績や資格がない怪しげな個人が主催しているセミナーや、「節税になる」などと謳っていたりする金融庁の許可が下りていない金融商品を案内するセミナーには、参加しないほうが無難でしょう。

ポイント

自分が理解できず実物を見られない物件には手を出さない

「物件概要書」を信じてはいけない

不動産物件の概要について記された書類を、ここまではわかりやすく「物件案内」と表記してきましたが、正確には「物件概要書」と呼ばれます。

この「物件概要書」の記載情報は、わりといい加減な場合が多く、すべての情報が正確に記載されているとは限りません。

きちんと物件を見極めるためには、「物件概要書」とともに「レントロール」（賃貸条件一覧表）も確認することが大事です。

「レントロール」（122〜123ページ参照）には、部屋ごとの「契約者・契約期間・敷金・賃料・共益費・駐車場料」などが記載されています。

「物件概要書」（121ページ参照）に決まった形式はないのですが、「物件名・所在地・最寄り駅・土地面積・建物面積・構造・築年数・部屋数・間取り・利回り・用途地域」といった基本情報が記載されています。

「物件概要書」は「違法建築ではないか？」「記載情報は正しいか？」の2点を、特に注意してチェックします。

違法建築というのは、建築基準法で制限が設けられている「建ぺい率」（敷地面積に対する建築面積の割合）と「容積率」（敷地面積に対する延べ床面積の割合）をオーバーして建てられた物件や、未登記の増改築がある物件などです。

建ぺい率と容積率は、「用途地域」ごとに細かく制限されており、その制限をオーバーする建物は違法建築となります。違法建築の物件は金融機関から融資が受けられず、売却するにも買い主がつきません。

現地を訪ねて土地の境界線をはみ出していないか、また、再建築不可物件なども物件概要書に記載していないケースが少なくないので、引っ越しのトラックが通れるか（入れるか）くらいは、自分自身の目できちんとチェックしておきましょう。

容積率は自治体（市町村）の都市計画を反映して決められていますが、建築物の前面にある道路幅によっても左右され、どちらか小さい数値のほうが採用されます。

計算式は次の通りです。

容積率（％）＝前面道路幅（m）×0・4×100

（住居系用途地域の場合）

前面道路幅が4・5mだとすると、4・5×0・4×100＝180％となります。都市計画で容積率200％とされていても、前面道路を加味した数値のほうが小さいので、この場合の容積率は180％になるわけです。

また、角地など複数の道路に面している場合は、広いほうの道路幅をベースに計算します。

物件概要書の「備考」欄などに記載がなくても気になるようなら、その土地の容積率をクリアしているかを自分で計算してみるといいでしょう。多少面倒なことでも、

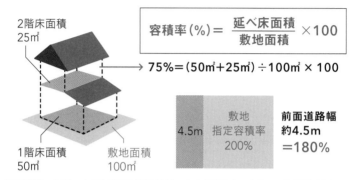

容積率とは?　敷地面積に対する延べ床面積の割合

（住居系用途地域の場合）

$$容積率(\%) = \frac{延べ床面積}{敷地面積} \times 100$$

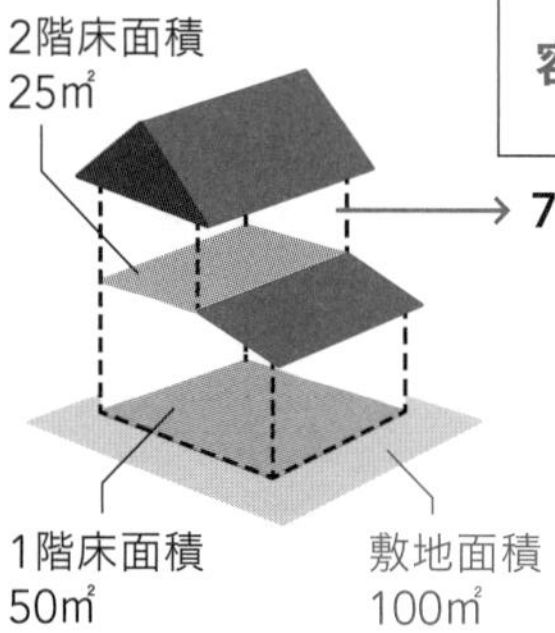

75%＝(50㎡＋25㎡)÷100㎡ × 100

前面道路幅
約4.5m
＝180%

前面道路の幅員による容積率と用途地域による容積率とで小さいほうが適用される

容積率50・60・80・100・150・200%の用途地域とは?

第一種低層住居専用地域	低層住宅専用
第二種低層住居専用地域	小規模な店舗の立地を認める低層住宅専用

容積率100・150・200・300・400・500%の用途地域とは?

第一種中高層住居専用地域	中高層住宅専用
第二種中高層住居専用地域	必要な利便施設の立地を認める中高層住宅専用
第一種住居地域	大規模な店舗・事務所の立地を制限する住宅地
第二種住居地域	大規模な店舗・事務所の立地を一部制限する住宅地
準住居地域	自動車関連施設など沿道サービス業と住宅が調和して立地

建ぺい率とは？ 敷地面積に対する建築面積の割合

$$建ぺい率(\%) = \frac{建築面積}{敷地面積} \times 100$$

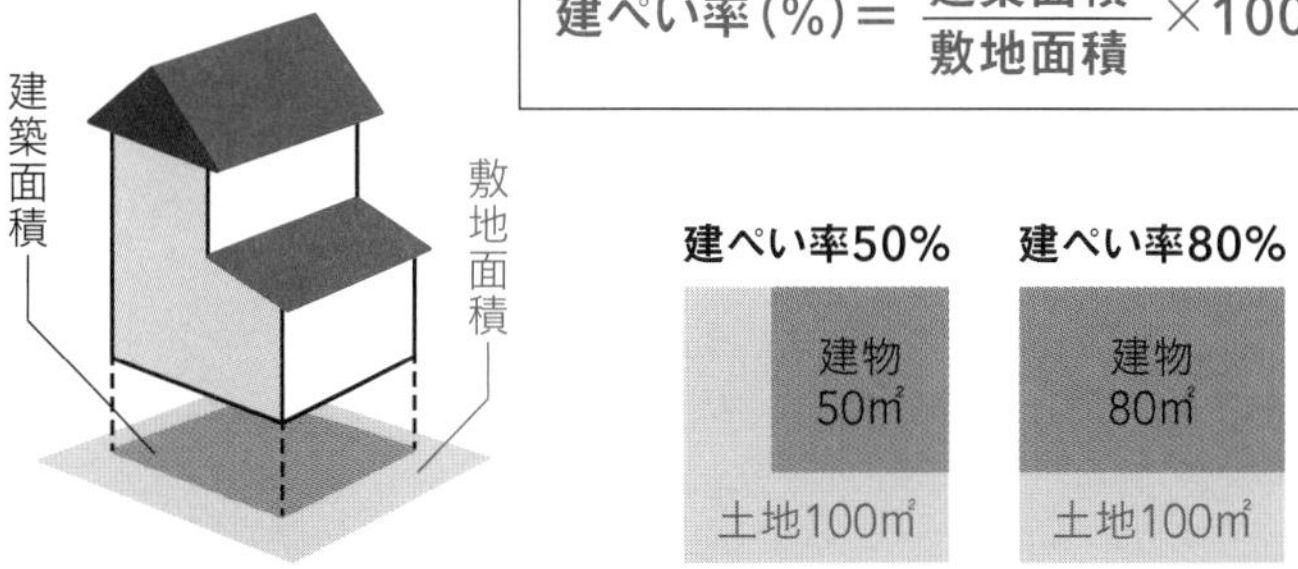

建ぺい率30・40・50・60%の用途地域とは？

第一種住居地域	大規模な店舗・事務所の立地を制限する住宅地
第二種住居地域	大規模な店舗・事務所の立地を一部制限する住宅地
準住居地域	自動車関連施設など沿道サービス業と住宅が調和して立地

建ぺい率50・60・80%の用途地域とは？

第一種低層住居専用地域	低層住宅専用
第二種低層住居専用地域	小規模な店舗の立地を認める低層住宅専用
第一種中高層住居専用地域	中高層住宅専用
第二種中高層住居専用地域	必要な利便施設の立地を認める中高層住宅専用

あとで大きな損失を出さないためには、最初の確認で手を抜かないことが大事です。

ポイント

「違法建築ではないか？」「記載情報は正しいか？」をチェック

「レントロール」をチェックする

入居率や家賃、入居者の情報が記載された「レントロール」（賃貸条件一覧表）は、「空室をごまかして入居偽装していないか？」「実際の家賃と募集家賃に開きがないか？」という点を入念に確認します。

たとえば、ごく最近住みはじめた人が多い物件のなかには、オーナーが知り合いを一時的に住まわせて、入居偽装しているケースもあり得ます。悪質な業者になると、空室にわざわざカーテンをつけて入居者がいるように見せかけていることだってあるのです。

「よくそんなことを考えつくなぁ」とあきれるような偽装工作をする不動産オーナーや業者が実際にいるので、何事も疑ってかかるくらいで丁度いいと思います。

対策としては、入居者の「賃貸借契約書」で入居時期・家賃・保証人の名前をチェックして、疑わしいことがあれば不動産会社の担当者に質問することです。

また、「長期修繕履歴」がしっかり提示され、実行されてきているかも確認します。修繕履歴を見て、長らく修繕がされていなければ、そのぶんの費用を安くしてもらう「指し値」を入れることもできます。

さらに現地で物件を確認することも大事です。

物件を現地で確認する場合、各住居の「電気メーターが回っているか」「入居者がいるはずの部屋のポストにチラシが溜まっていないか」をチェックします。

実際、現地に行ってみると、建物の様子や周りの環境がよくわかります。放置自転車はないか、ごみ置き場やエントランスはきれいか、そもそも住みたいと思えるような物件か、入居者の気持ちになって想像してみてください。

駅からの道のりも、実際に歩いてみないとわかりません。

そのついでに、駅前の不動産仲介業者に立ち寄って、検討している物件のことやエリアの人気度を聞き出すと、地元の業者しか知らないような情報が得られます。

ポイント

レントロールと現地での物件確認はワンセット

「物件概要書」と「レントロール」(次ページ)をクロスチェック

《物件概要書》

物件名称		メゾン[redacted]		
所在地	地番	[redacted]		
	住居表示	[redacted]		
地目		宅地		
地積	公簿	838.13 ㎡ (253.53 坪)		
	実測	㎡ (坪)		
	私道負担			
土地権利		所有権		
建物	延床面積	915.12 ㎡ (276.82 坪)		
	土地×容積率	1676.26 ㎡		
	構造	RC造 陸屋根 地上4階建 (備考)		
	種類	共同住宅		
	間取り	3DK×16戸		
	築年月	平成5年4月		
	総戸数	16 戸	駐車場	16 台
価格	総額	**¥148,000,000**	積算価格	**¥150,799,863**
	満室時利回り	**9.20%**	現況利回り	**6.35%**
満室収入	年間収入	¥13,620,000		
	賃料(月額)	¥1,060,000	共益費	¥0
	駐車場代	¥75,000	その他	¥0
現況	年間収入	¥9,396,000		
	賃料(月額)	¥733,000	共益費	¥0
	駐車場代	¥50,000	その他	¥0
	空室	5 戸	稼働率	68.75%
公法規制	都市計画	市街化区域		
	用途地域	第一種住居地域		
	建ぺい率	60 %	容積率	200 %
	高度地区		防火指定	法22条地域
	日影規制		その他	
検査年月日	確認中	検査済番号:	路線価(/㎡)	¥87,000
交通	JR[redacted] 徒歩12分			
接道	東南側:約12m公道			
設備	電気	東京電力	ガス	都市ガス
	水道	公営水道	下水道	公共下水
固定資産評価額	土地	¥63,362,628 想定	建物	¥44,192,359 想定
取引形態				
備考				

益費	駐車料	更新料	更新手数料	保証会社・保証人	備考
0	5,000				原状回復未了（程度比較的○）
0	無	1ヶ月	0.5ヶ月＋税	[redacted]	ＨＣ4.8万（税別）借主負担
0	5,000	1ヶ月	0.5ヶ月＋税	[redacted]	
0	5,000				原状回復未了（程度×）
0	5,000	1ヶ月	0.5ヶ月＋税	[redacted]	ＨＣ5.3万（税別）畳2.7万（税別）借主負担。ペット飼育。Ｐ更新有
0	5,000	1ヶ月	0.5ヶ月＋税	[redacted]	ＨＣ5.3万（税別）畳2.7万（税別）借主負担。Ｐ更新有
0	10,000	無	0.5ヶ月＋税	[redacted]	Ｐ更新有（1台のみ）
0	5,000	1ヶ月	0.5ヶ月＋税	[redacted]	ＨＣ4.8万（税別）畳2.7万（税別）借主負担。ペット飼育。Ｐ更新有
0	5,000				原状回復未了（程度比較的○）
0	5,000				原状回復未了（程度×）
0	5,000	1ヶ月	0.5ヶ月＋税	[redacted]	ＨＣ4.8万（税別）畳2.7万（税別）借主負担。Ｐ個人契約。Ｐ更新有
0	5,000	1ヶ月	0.5ヶ月＋税	[redacted]	ＨＣ4.8万（税別）畳2.7万（税別）借主負担。ペット飼育。Ｐ更新有
0	無	1ヶ月	0.5ヶ月＋税	[redacted]	
0	5,000	35,000	0.5ヶ月＋税	[redacted]	ペット飼育
0	5,000				原状回復未了（程度×）
0	5,000	1ヶ月	0.5ヶ月＋税	[redacted]	ＨＣ4.8万（税別）畳2.7万（税別）借主負担。Ｐ更新有

定資産評価	評価額 計	Ｒ2.固定資産税	Ｒ2.都市計画税	小計	年額 合計（円）
3,362,628	107,554,987	147,845	42,241	190,086	897,163
4,192,359		618,693	88,384	707,077	

年9月2日第8号　検査済証：平成5年4月9日第1号

理会社にて保管

共益費、駐車料金等の実収入に対して5%＋消費税

水道料、建物定期清掃費、消防点検等月額平均87,000円（概算）

16台　・　専用駐輪場スペース有

契約者情報等一覧

■[redacted]

号室	契約者	入居(空室)始期	契約期間			敷金	賃料
101		2020.7.31		～			65,000
102	個人	2018.8.23	2020.8.23	～	2022.8.22	0	65,000
103	個人	2013.3.17	2019.3.17	～	2021.3.16	130,000	65,000
105		2018.4.13		～			65,000
201	個人	2020.8.1	2020.8.1	～	2022.7.31	130,000	65,000
202	個人	2020.10.20	2020.10.20	～	2022.10.19	0	66,000
203	個人	1998.4.1	2020.4.1	～	2022.3.31	240,000	66,000
205	個人	2019.3.18	2019.3.18	～	2021.3.17	132,000	66,000
301		2019.7.30		～			66,000
302		2019.6.2		～			66,000
303	法人	2016.4.23	2020.4.23	～	2022.4.22	140,000	70,000
305	個人	2017.2.11	2019.2.11	～	2021.2.10	130,000	65,000
401	個人	2010.1.30	2020.1.30	～	2022.1.29	210,000	70,000
402	個人	2011.6.1	2019.6.1	～	2021.5.31	175,000	70,000
403		2016.11.3		～			65,000
405	法人	2017.3.28	2019.3.28	～	2021.3.27	130,000	65,000
				～			
				～			
				～			
				～			

現状収益等	敷金	Ⅰ：賃料	Ⅱ：共益費	Ⅲ：駐車料金
月額　計	1,417,000	733,000	0	50,000
年額　計	1,417,000	8,796,000	0	600,000
現状年額収益 合計（Ⅰ＋Ⅱ＋Ⅲ）＝				**9,396,000**

満室時想定収益	Ⅰ：賃料	Ⅱ：共益費	Ⅲ：駐車料金
月額　計	1,060,000	0	75,000
年額　計	12,720,000	0	900,000
満室時想定年額収益 合計（Ⅰ＋Ⅱ＋Ⅲ）＝			**13,620,000**

	R2
土地	
建物	

※確認済証：平

※敷金について

※管理料は、賃

※共用部の電気

※駐車場区画数

第 3 章

金融機関から
融資を受ける秘訣

自己アピールして
交渉する力

融資を受けやすい人、融資を受けにくい人

繰り返しますが、不動産物件は高額ですから、基本的に金融機関から融資を受けることが前提となります。いわば「借入金」を加味して、家賃収入と運営経費の支出など、全体として利益を生み続ける仕組みづくりが不動産投資の肝となります。

私が1棟目に購入した物件は、不動産会社が紹介してくれた金融機関から融資を受けました。けれども、そのときはビギナーズ・ラックで、2棟目以降は自分で金融機関を開拓しなければなりませんでした。

しかし、不動産会社と同じで、金融機関からも最初はまったく相手にしてもらえませんでした。それはやはり、私が20代半ばの女性だったことも大きいでしょう。

当時の私と同じように業界最大手の野村證券でバリバリ働いている男性だったら、同じ属性でも金融機関からの融資には苦労しなかっただろうと思うのです。

再三触れているように不動産投資の融資枠の上限は、年収・勤務先・勤続年数などの属性によって差がありますが、だいたいの目安は年収の最大10倍程度です。

年収500万円の人は5000万円の融資を受けられる可能性があるということですが、もし2000万円の住宅ローンが残っていたら、そのぶんを差し引いた3000万円までの融資が上限になるというイメージです。

たとえ属性が低くても、保証人になってくれる家族や配偶者が大企業の正社員だったりすると、話は変わってきます。保証人の属性が高ければ、審査が通りやすくなるのです。

私の経験からすると、金融機関の融資で女性は不利ではありますが、パートナーが高収入の上場企業の正社員や、弁護士・医師などの士師業だと、金融機関の対応も違うでしょう。

独身女性の場合は、国家資格をはじめとする〝稼げる資格〟を取得していると有利です。自営業でも安定的に高収入を得られる事業を継続していれば、検討してもらえる余地はあるかもしれません。

融資を受けにくい人

女性（女性の場合は結婚しているか、
子供がいるか、資格を持っているかも見られる）

非正規社員、自営業、フリーランス

安定収入を見込める資格を持たない

自己資産（預貯金・株）が少ない

自宅の住宅ローンがある

各種ローンなど借金がある

クレジットカード会社の
ブラックリストに載ったことがある

保証人がいない

融資を受けやすい人

男性

医師、弁護士、税理士など高所得「士師業」

大企業の正社員と公務員

勤続年数が長い

自己資金が多い
（預貯金・株・その他で数千万円以上）

すでに担保価値の高い不動産を所有

不動産投資の目的・ビジョンが明確

保証人がいる

ポイント

金融機関の融資を有利にするため
〝稼げる資格〟をゲット

ローラー作戦で金融機関を開拓せよ

不動産投資をはじめる人が金融機関から融資を受ける場合、属性が高くないと金融機関探しに苦戦するかもしれません。

私は証券会社時代に営業力を鍛えられたので、金融機関の開拓はまったく苦になりませんでした。その開拓法は、証券会社時代と同じ〝ローラー作戦〟です。

まずは自分が住んでいる街や、物件を買いたいエリアにある金融機関を片っ端からリストアップして、連絡先をエクセルにまとめます。

そして、上から順番に電話をかけてアポ取りしていくのです。

注意しなくてはいけないポイントは、「不動産投資」という言葉を「不動産賃貸業」といい換えることです。金融機関の担当者に話をする際は、「不動産賃貸業の融資を受けたい」といういい方にしなければいけません。

金融機関は、表向きには「投資」には融資できないことになっているらしいので、「投資」という言葉は使わないようにしましょう。

私は、金融機関への面談のアポ取りを想定した「鬼の電話外交作戦」をつくって、機械的に電話をかけていきました。

最初の頃は、50件電話してアポイントメントがとれるのが10件ほど。そのうち実際に話が進んだのは3件で、最終的に融資を受けられたのが1件でした。

成功確率は50分の1。まあ、融資を受けられただけで大成功ですが、まずは「数を打つ」ことを覚悟して取り組んだほうがいいと思います。「アポがとれたらラッキー！」くらいの感じで、断られてもいちいち落ち込まないことです。

ただし、たとえ断られたとしても、あっさり引き下がってはいけません。どうすれ

金融機関への鬼の電話外交作戦

「お世話になります。私、○○を中心に不動産賃貸業を営んでおります、□□と申します。△△エリアで不動産取得を考えておりまして、取得費用の融資のご相談をさせていただきたいのですが、担当者の方はいらっしゃいますでしょうか？」

融資担当者に ↓ 代わる

「お世話になります。私、○○を中心に不動産賃貸業を営んでおります、□□と申します。△△エリアで不動産取得を考えておりまして、取得費用の融資のご相談をさせていただきたいのですが、ご面談の機会をいただけますでしょうか？」

感触がよく ↓ 面談してもらえそうな場合

「ありがとうございます。それでは日程は×日などはいかがでしょうか？
また、そのときに持参したほうがよい書類などはございますでしょうか？」

「物件次第ですね」と面談を渋られた場合

「ありがとうございます。では、よい条件の物件が出た際には、ぜひご相談させていただきます。御行の融資条件に合う物件をぜひ探したいと考えておりますので、よろしければ条件をお聞かせいただけますでしょうか？」

金融機関に融資条件をヒアリング	
☑	物件の担保評価は収益価格か積算価格か？
☑	融資期間は耐用年数に対してどのくらい？
☑	融資対象となるエリア・建築構造・築年数は？
☑	融資金額規模・頭金割合・金利条件は？
☑	銀行独自の掛け目（担保として要求される自己資金）は？
☑	そもそも「不動産賃貸業」への融資に積極的？
☑	もし融資するとしたら、オーナーにどういう条件を求めている？
☑	どういう物件であれば、融資の可能性が高まる？
☑	支店があるエリアの物件であれば、融資の可能性は高まる？

「資料を送ってください」と面談を渋られた場合

「ありがとうございます。では、資料をお送りしますので、
届きました頃にこちらからご連絡させていただきます」

送付資料チェックリスト	
✔	自己紹介資料(名前・住所・年齢・勤務先・収入・家族構成・バランスシート)
✔	本人確認書類(免許証・保険証などのコピー)
✔	源泉徴収票 or 確定申告 3年分(配偶者がいればそのぶんも)
✔	保有物件の名称、登記簿謄本、直近3カ月分のレントロール (すでに物件を保有している場合)
✔	法人決算書3期分(法人を保有している場合)
✔	手書きの手紙を添える

「会いたい」と思われる人になる!

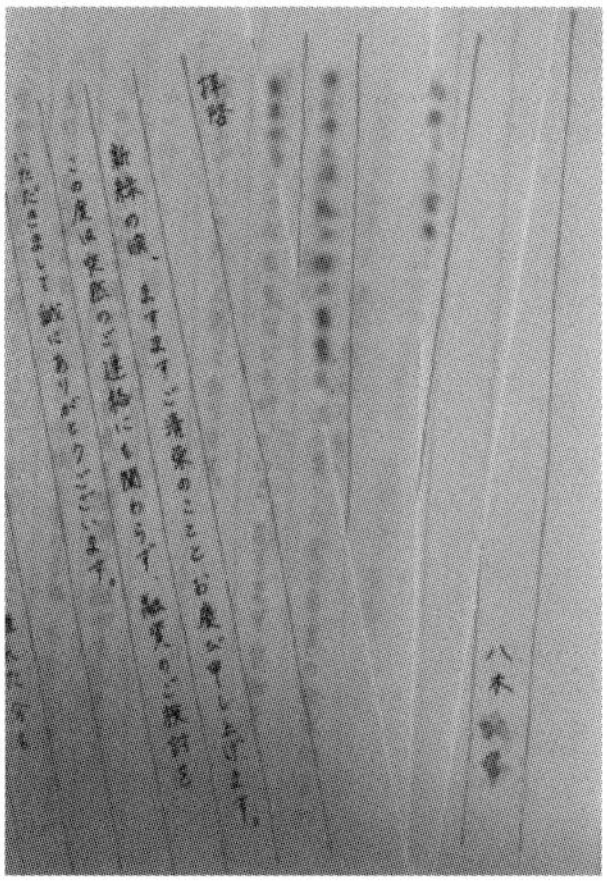

手書きの手紙を添える

↓

投函した3営業日後に電話する

ば融資を受けることができるかをヒアリングするのです。

ヒアリングのポイントは、自分の属性や購入予定の物件の条件と、金融機関の融資の条件のどこが合わないのかを、細かく確認することです。

私は「地元（愛知県）に法人を置いたら融資してくれますか？」ということまで確認しました。

そんなふうに気になることは、1つ残らず聞き出すつもりでヒアリングしてみると、あとで役に立ちます。

電話が苦手な人もいるかもしれませんが、「下手な鉄砲も数撃ちゃ当たる」の精神で、何度断られてもくじけず、地道に電話をかけ続けてヒアリングを積み重ねていくと次の一歩のヒントが見つかるはずです。

ポイント

金融機関には「不動産投資」ではなく「不動産賃貸業」という

融資に合わせて物件を選ぶのもアリ

融資を受けることを前提とする物件選びには、大きく2つの方法があります。

① 自分が希望する物件を探してから融資先を見つける
② 融資の条件に合う物件を探して融資を受けやすくする

はじめての物件を買うときは、金融機関の融資の条件に合わせて物件探しをすると、話がスムーズに進みやすくなるでしょう。

金融機関に面談を申し込んで、「物件次第ですね」といわれた場合、その金融機関に合わせた物件選びをするために、次のようにヒアリングしてみます。

「それでは、よい条件の物件が出た際には、ぜひご相談させていただきます。御行の融資条件に合う物件を探したいと考えておりますので、よろしければ条件をお聞かせいただけますでしょうか？」

確認するのは、132ページ下の条件です。

融資可能な物件の条件は、金融機関ごとに違います。金融機関によっていうことがバラバラですし、同じ金融機関でも支店によって細かな条件が異なることも多いので、私は1件1件ヒアリングするようにしています。

同じ金融機関でも、「大店《おおだな》」といわれるもっとも取引額が大きい旗艦店と、エリアごとにある支店に分かれます。しかも支店には伝統的にランク（序列）があって、それぞれの担当者によっても対応が違うことが多いです。

「自分の預貯金は大店にあるから、融資も受けやすいだろう」ということはないようです。むしろ中小規模の支店のほうが、新規客の開拓に意欲的だったりするため、好意的な対応をしてくれる可能性が高い印象です。

大店は法人顧客が多いので、一個人に向けた融資額では店舗全体の成績へのインパクトが限定的にならざるを得ません。融資決定には銀行内で稟議《りんぎ》を通しますが、その労力は対法人と対個人とでさほど変わるものではないでしょうから、それであれば融資額が大きい法人融資のほうが優先されるのでしょう。

私の経験による印象からすると、急行が止まる駅の近くにあるような、中ランクの支店が狙い目です。そのような支店には、新規開拓に熱心な若手の担当者がいるので、融資の相談にも乗ってもらえる傾向があります。

担当者から支店長までの距離も近いので、融資の判断をする支店長決裁のスピード感も、大店に比べると速い印象です。

一方、自分が買いたいと思う物件を見つけてから銀行を探すとなると、私の経験では「金融機関に電話してアポ取り↓資料提出↓面談↓融資決裁を得る」という一連の流れに1カ月以上かかってしまいます。

自分が買いたくなるような優良物件は、他の人にとっても魅力的ですから、競争になりやすいです。そうなると融資の決裁を得ようとしている間に、買うつもりだった物件が売れてしまう可能性が高いです。

もちろん、優良物件はいつどこでめぐり会えるかわからないので、常に情報収集することを意識しなければなりません。だから、私は銀行へのヒアリングと物件探しを同時並行的に進めているのです。

ポイント

金融機関に融資をしやすい物件の条件を聞いておく

融資を受けやすい金融機関の見つけかた

「金融機関」とひと口にいっても、いろいろあります。

不動産賃貸業に融資をしている金融機関は、おもに銀行・信用金庫・信用組合などがあります。それぞれの違いをご存じでしょうか？

社会人なら給料の振込先や貯金のために口座を持っている銀行が、もっとも身近な金融機関だと思います。だからといって不動産投資をする際、銀行が一番融資をしてくれやすいかというと、実はそうともいい切れません。

年収数千万円クラスで銀行口座に現金がたっぷりあるような人は別ですが、**年収が数百万円から1000万円くらいまでの一般的な会社員の場合、信用金庫や信用組合のほうが融資してもらいやすいケースも多いでしょう。**

信用金庫は、その地域に住む人々が会員になって、お互いが地域の繁栄を図るための相互扶助を目的としている金融機関です。信用組合も同じ協同組織の金融機関で、組合員の相互扶助を目的としていますが、組合員の資格が少し異なります。

信用金庫と信用組合は若干の違いはありますが、ともに非営利の金融機関です。ともに会員や地域社会の経済的な発展を目指している点は同じで、会員や組合員を対象に融資する点も同じです。

また、どちらも預金が1000万円以上あると大口顧客としてみなされるので、それが可能であれば融資を受けるときも優遇されやすいでしょう。

ただし、1つ難点があります。

融資を受ける人の居住地と購入物件が、その信用組合や信用金庫の営業エリア内にあることが原則条件となります。

信用金庫も信用組合も、地域に即した事業をしている会員や組合員に融資をするという基本ルールがあるからです。

私も以前、地元・愛知県内のいくつかの信用金庫に融資の相談をしたことがあったのですが、東京に住んでいることから断られ続けました。

その後、例外的に実家のすぐそばにある信用金庫が、私の地元活性化に向けた思いに共感してくださって、融資してくれたのです。

私が通っていた地元の高校の話題など、ローカルな話で盛り上がったのも信頼関係につながったのでしょう。

遠く離れたところに住んでいるオーナーはリスクが高いとみなされがちなので、基本的には自分の居住エリアから、そう遠くない範囲で物件も融資先も探すほうが効率的です。

実際、不動産投資家が金融機関から融資を受けるために、都心から埼玉・千葉・神奈川などのベッドタウンに移住するケースも少なくありません。人口が多くて物件も買いやすいエリアであれば、信用組合や信用金庫から融資を受けられる可能性が高くなるからです。

銀行であれば、みずほ銀行・三菱UFJ銀行・三井住友銀行といった都市銀行や、千葉銀行・横浜銀行といった地方銀行（第一地方銀行）より、東京スター銀行や京葉銀行などの第二地方銀行のほうが、融資の相談に乗ってもらいやすいでしょう。

エリア密着型で不動産投資をしていると、地元の金融機関や管理会社との関係も構築しやすいので、いざというときに相談しやすくなります。

私の場合、1棟目を買った後、同じ金融機関から次の融資を受けるときに、金利を少し下げてもらったり、頭金を少なくしてもらったりする交渉ができたのですが、はじめての金融機関ではなかなかできません。

金融機関の主な種類

メガバンク（都市銀行）

大都市を中心に全国的に支店を展開する規模の大きな金融機関。みずほ銀行、三菱UFJ銀行、三井住友銀行が3大メガバンク。

第一地方銀行

各都道府県に本店を置き、地方を中心に営業している金融機関。全国に62行あり、下記サイトの「地方銀行リンク」のページで一覧を確認できる。

一般社団法人 全国地方銀行協会　http://www.chiginkyo.or.jp/

第二地方銀行

第一地方銀行に比べて規模が小さめで、地域住民や地元の中小企業が主な顧客。全国38行で下記サイトの「加盟地方銀行一覧」のページで確認できる。

一般社団法人 第二地方銀行協会　http://www.shinkin.org/

信用金庫

信用金庫は「信用金庫法」によって設立された法人で銀行ではない。営業エリアは地方銀行より狭い。信用金庫は全国に140金庫あり、下記サイトの「全国の信用金庫ご紹介」のページで一覧を確認できる。

一般社団法人 全国信用金庫協会　http://www.dainichiginkyo.or.jp

政府系金融機関

政府からの出資によって特殊法人として設立された金融機関。民間が融資しにくい中小企業などに賃金を供給するのが役割で、投資家が利用できるのは日本政策金融公庫、商工中金。

エリア特化型の不動産投資は、人情味のある不動産賃貸業ができる点でメリットを感じる人もいるようです。

そうしたこともふまえて、自分の居住エリアは不動産投資に有利なのか、物件を買うとしたらどのエリアを希望するのか、よく比較検討することが大事です。

大手不動産投資サイト「楽待」を見れば、金融機関から融資を受けている不動産投資家の実態がわかるデータや記事も掲載されていますから、私も参考にしています。

ポイント

メガバンクより信用金庫・信用組合・第二地銀

不動産投資サイトで金融機関について情報収集しよう

出所：「楽待」https://www.rakumachi.jp/news/column/259951

融資担当者に手書きの手紙を渡す

金融機関にアポ取りの電話をすると、「まずは資料を送ってください」といわれることがあります。仮に面談できることになっても、資料を提出しなければいけません。融資を受けられるかどうかの交渉は、この資料作成からはじまるのです。

融資担当者が一番気になる点は、借り手の「属性」「資産」「負債」です。まずはこれらを明確にすること。そのために用意する資料は、147ページのような内容です。

もちろん、金融機関に対して虚偽の報告をしたり、隠し事をしたりするのは禁物。正々堂々と包み隠さず、資産も負債も正直に報告することで信用につなげます。

属性としてメリットになると思うことがあれば（資格・免許の証明書や副業の実績など）、追加するのもいいでしょう。

さらに私は融資担当者への手紙を重視しています。本気度を伝えるためには、古風

に「手書き」がベスト。手紙に書く内容は、資料提出の機会をいただいたことへのお礼と不動産を買う目的や理由です。

私は地元を活性化するために不動産投資をはじめたことを書きますが、ストーリーにして書くと便箋5枚になります。手紙には、香りづけをしてからお渡しします。

資料と手紙を一緒に投函したら、3営業日後に必ず電話します。すると「わざわざ、お手紙までいただいて、ありがとうございました」とおっしゃってくださる金融機関の担当者が多いので、距離がぐっと縮まるきっかけになります。もちろん、こちらから電話する前に、連絡をくださる方もいます。

こうした手紙の効果は、大学時代のアルバイトで学んだことです。私は家庭教師を各家庭に派遣する会社でアルバイトをしていました。社員がアポイントをとった家庭に訪問し、私が家庭教師について説明したうえで契約していただく役割でした。

ほとんどの場合、お母さんとお子さんの前で説明するのですが、話し終えると「主人に確認してから連絡します」と、その場で契約できないケースが多かったです。

そこで私はご主人に安心してもらうため、お伝えしたいことを手紙に書いて、お渡

金融機関に提出する書類のチェックポイント

✓	自己紹介資料（住所・氏名・年齢・勤務先・年収・資格・免許・家族構成・電話番号を明記）と給与明細（確定申告の控え）
✓	貸借対照表（バランスシート）：固定資産（車・不動産など）、流動資産（現預金・株式・投資信託・国債・金など1年以内に換金できるもの）、負債（借入金・車や住宅のローン）などすべて一覧に
✓	本人確認書類（免許証・保険証などのコピー）
✓	（すでに物件を保有している場合）保有物件の物件名、登記簿謄本、直近3カ月の入居率や家賃を記載した「レントロール」（入居実績資料）
✓	（法人として登記している場合）法人決算書3期分
✓	手書きの手紙を添える

しいただくようにしていたのです。

成約率はほぼ100％でした。

同じことを野村證券に入社してからも営業で実践していましたが、自分の気持ちや熱意を伝える手段として、手書きの手紙に勝るものはないと確信しています。

いまはメールやSNSでやりとりするのが当たり前で、電話するだけでも億劫《おっくう》に感じる人が少なくありません。手紙となれば、ますますハードルが高まり、苦手意識を持つ人も多いでしょう。だからこそ、手紙は印象に残りやすいのです。字の上手い下手は関係ありません。

ポイント

信頼を得るには手書きの手紙が最強のツール

融資稟議が通らないときの秘策

2017年に6棟目の鉄筋コンクリート造のアパートを買ったときは、物件を先に見つけて金融機関に融資を申し込んだのですが、想定外の出来事がありました。

地元の不動産会社から紹介してもらったこの物件は、販売価格2億円に対して積算価格（土地・建物の担保価値）が2億4000万円というめったにない優良物件だったことは前述した通りです。

最寄り駅から徒歩3分、利回り8%という条件にも恵まれていました。

この物件を購入するため、某都市銀行に融資の相談に伺ったのですが、残念ながら融資を受けられませんでした。融資担当者に理由を聞くと、「稟議書が上に通らなかった」とのこと。

前述したように都市銀行となると、個人の新規客が融資を受けるにはハードルが高くなります（当時の私はそのことを知らなかったのです……）。

融資担当者が私の資料に目を通して面談した後、行内で融資の承認を得るために稟議書を作成します。それをもとに最終的には支店長（または本部）の決裁を得られれば、融資を受けられることになります。

稟議書が上に通らなかったということは、たいへん失礼ながら融資担当者の稟議書が説得力に欠けた可能性があると私は考えました。ある程度の定型フォーマットを下敷きに、要所要所の数字を書き換えて提出したのかもしれません。

融資担当者も多数の案件を抱えているでしょうから、事務的な流れ作業のようになっていた可能性もあります。

そこで私は、自分の生い立ちから、家族構成、不動産賃貸業を拡大するためのビ

ジョン、地元再生という将来的な目的までをストーリーにして、便箋5枚に手書きして、その手紙を担当者に渡しました。

そして「もう一度、この手紙を添えて稟議書を出し直してみてください」とお願いしたのです。

大前提として、私なりに完璧に仕上げた「事業計画書」を提出しています。そのうえで稟議の最終決裁者に承認してもらうためには、情緒や共感に訴えかけることも有効なのではないかと思ったのです。

思いついたことはやってみなければ、結果がどうなるかわかりません。だから、私は行動に移したのです。

すると後日、融資担当者から「稟議が通りました」と連絡が届きました。しかも嬉しいことに、金利1・9％という低利で融資を受けられることになったのです。

都市銀行で私のような新規客が融資を受けられるのは、非常にめずらしいケース。しかも、新規の取引で2億円という高額融資は超イレギュラーでしょう。

ポイント

「事業計画書＋手書きの手紙」で論理と情緒に訴える

「熱量」で融資担当者を味方につける

口座を開設するため、融資担当者と支店長にお会いすることになりました。そして、ワクワクドキドキ緊張しながら、その都市銀行へ喜び勇んで伺いました。

都市銀行に到着後、私は融資担当者の後について行内の長廊下をしばらく歩いていきました。すると突然、融資担当者が壁の前で立ち止まったのです。

その先には進めませんから「えっ、どういうこと？」と私は戸惑ったのですが、目の前の壁から隠しボタンがパカッと出てきて、その奥にまた廊下が出現！　壁に見えたのは、なんと〝隠し扉〟だったのです。

その隠し扉の先にある応接室へ通されながら、「テレビドラマで観るような世界があるんだぁ」と感動してしまいました。


さて、その応接室で支店長といろいろなお話をしたのですが、「お若いのになぜ不動産賃貸業を？」と尋ねられました。私は稟議書に書かれたストーリーを自分の口から、あらためてお話ししました。

緊張のあまり少し興奮しながら熱弁をふるい、15分くらい経った頃、話を聞いていた担当者と支店長が「素晴らしい！」とおっしゃってくださったのです。

「これまでたくさん不動産関連の方々に融資しましたが、まだお若いのに、ここまで自分の考えや将来のビジョンをしっかり持っている方に会ったのははじめてです。ぜひ応援させてください！」

そう支店長がいうと、その場で「金利を3分の1以下に下げます」と約束してくれたのです。結果的には0・55％の低利で融資を受けられることになりました。

支店長は、「銀行にここまで自分のことをおおっぴらに話す人はいないですよ」ともおっしゃっていました(笑)。

金融機関の人も杓子定規で数字だけを見るわけでなく、その人の将来の計画、やる気、情熱といった部分で動かされることも少なからずあるようです。

「この人にまた会いたい」「この人を応援したい」と思ってもらえるかどうかも、融資決定に少なからず影響すると、私は実感しています。

だからこそ、電話外交から資料作成、手紙、面談に至るすべてのやりとりにおいて、不動産賃貸業に対する「熱量」を伝えることには意味があると思います。

そして常に、「自分の味方になってもらうためにはどうすればいいか?」ということを意識しながら行動することも大事です。

ポイント

「応援したい」と思ってもらえる事業計画を伝える

法人化するなら合同会社がおすすめ

私は２０１５年に不動産投資をはじめたときは「個人」として不動産を所有していましたが、翌年に3棟目を買ってからは、「法人」として不動産を所有しています。いまでは法人として5棟の物件を所有して、黒字決算を続けています。

法人化した理由は明確です。法人名義で不動産収入を確定申告すると、個人でもその信用を元に物件を買い増すことが可能なので、個人・法人と両方の柱を持っていたほうが資金繰りのメリットが大きくなるからです。

出産や子育てなどで、仕事を一時中断しなければならなくなっても問題がないように備えられます（２０２1年2月、私は第1子を出産しました）。

女性の場合、結婚、出産、育児などでライフスタイルが大きく変わる可能性があるので、不動産投資はやりにくいと考えている人がいるかもしれません。

実際、2棟目の新築木造アパートを購入したときは、金融機関の融資担当者から、「結婚しても仕事を続けるんですか?」「子どもが生まれても仕事を続けるんですか?」「どんな資格を持っていますか?」と質問されました。

結婚や出産で仕事を辞めてしまったら、不動産賃貸業がうまく回らなかったときに返済できなくなるかもしれない、という懸念が金融機関にあったのでしょう。

そういったリスクを払拭するには、法人化して、法人の属性で不動産投資を継続できるように資産形成をすればいいのです。

個人と法人の不動産投資の違いで、もう1つ忘れてはならないのが、利用できる融資の違いです。

融資を受けて物件を買う場合、「アパート・マンション(アパマン)ローン」か「プロパー融資(自前融資)」を利用することになります。

比較的審査が通りやすく個人でも借りやすいのは、アパマンローンのほうです。その名の通り、アパートやマンションなどの賃貸用物件のオーナーを対象とした金融商品ですが、金利が割高に設定されているケースが多いです。

一方の「プロパー融資」は信用保証協会をはさまず、金融機関が貸付先の信用度を独自に見極めて、自らリスクをとって直接実行する融資です。

アパマンローンに比べて審査が厳しく、審査期間が長いものの、条件が見合えばそのぶん有利な金利で、融資枠も大きくなるというメリットがあります。

それだけに、金融機関から見て〝上顧客〟として扱われるような取引ができる事業者や法人でないと、基本的にプロパー融資は受けられません。

私が2017年に6棟目に買った2億円の物件と、2019年に7棟目に買った1億3000万円の物件は、プロパー融資を受けることができました。

しかし、プロパー融資はオーナーの属性が高い場合や、事業者や法人として3期分黒字決算しているなど、条件がよくないと融資を受けるのは難しいと思います。

40歳までに資産100億円を目指している私にとっては、プロパー融資のほうが圧倒的に有利です。今後もプロパー融資を利用できるように堅実に黒字決算を継続していきたいと思っています。

私のように不動産賃貸業を拡大させていきたいなら、法人化したほうがメリットは大きいでしょう。

会社を設立するときには、「株式会社」「合同会社」「合資会社」「合名会社」から選択することになりますが、株式会社でなくてもいいです。

合同会社は比較的新しく設けられた形態で、出資額は1円からはじめることができます。

株式会社を設立するには、「収入印紙代」「定款認証の手数料」「登録免許税」など、最低でも20万円程度はかかりますが、合同会社なら行政書士など専門家の報酬を除けば「登録免許税」の6万円程度で済みます。

「合同会社」も立派な法人ですし、節税効果も株式会社と同じように認められています。私はクラウド会計サービス「ｆｒｅｅｅ」を使って、合同会社を設立しました。必要な書類作成も無料でできますし、オプションで法務局への書類提出も代行してもらえます。

とても簡単に会社を設立できるので、法人化したい人にはおすすめです。

ポイント

クラウド会計サービスで合同会社を設立してみては？

返済シミュレーションは
キャッシュフロー優先

金融機関から融資を受けるときは、「返済期間」と「返済比率」のバランスをよく考える必要があります。

返済比率とは、収入に占める返済額の割合のことです。

借入金額が同じなら、返済期間が長ければ長いほど毎月の返済額は少なくなり、逆

返済比率を計算しておく

例 家賃収入が月100万円で返済額が月40万円の場合

$$\frac{\text{毎月の返済額}}{\text{毎月の家賃収入（満室時）}} \times 100 = \text{返済比率（\%）}$$

$$\frac{40\text{万円}}{100\text{万円}} \times 100 = 40\%$$

これが返済比率

に短くなればなるほど毎月の返済額が多くなります。

返済比率は低いほど健全度は高いですが、目指すべき返済比率は40〜50％程度が目安とされています。

私自身は、借入金返済以外にかかる運営経費や空室が出た場合の収益減少のリスクに備えるため、返済比率は30〜50％を目安にしています。

仮に満室時の家賃収入が月100万円（年1200万円）の1棟アパートがあるとします。返済比率が30％とその倍の60％とで違いを比べてみましょう。

前提条件は、空室率10％・諸経費率20％とします。返済比率30％の場合は最終的なキャッシュフローは月40万円、返済比率60％の場合は月10万円となります。

「月10万円入るだけでも十分」という人でも、変動金利で契約した場合、途中で金利が上がる可能性もあります。さらに空室が10％を超えてしまったり、諸経費が突発的に増えたりするなど、さまざまなリスクに対処できなくなることも考えられます。

なかには、年収数千万円クラスと属性が高い人で、「節税対策で不動産を買うのだから赤字になっても問題ない」という人がいるかもしれません。

それはそれで個人の考え方の自由ですが、平均的な会社員が節税目的で、安易に返済期間を短くして不動産を購入すると、節税どころか自分の貯蓄からの持ち出しのほうが増えてしまう可能性があります。

そのため、返済比率を高く設定する場合は、よほど条件のよい優良物件でない限り厳しい事態を招きやすくなるでしょう。

そういったリスクを避けるためには、物件を購入する際の「返済シミュレーション」で、キャッシュフローを最優先に考えることが大事です。

私はキャッシュフローが３％以上になることを目標に、返済期間と返済比率を設定しています。キャッシュフローは、最低でも２％はないと厳しいです。この比率を守るため、固定資産税や諸経費を差し引いて、入居率も75％以下とかなり厳しめに設定して返済シミュレーションを組んでいます。

そこまで厳しい設定で計算しても、キャッシュフローが３％以上になるように「返済シミュレーション」で融資額と返済比率のバランスを考えてから、物件購入の手続きへと進むようにしているのです。

着実な資産形成に向けて、不動産でしっかり利益を出していくならば、キャッシュフローを第一優先に考えるのは不可欠です。そのうえで、返済期間や返済比率などの条件を入れた返済シミュレーションをします。

ポイント

返済期間と返済比率は
キャッシュフロー３％以上で設定する

購入前に厳しめのシミュレーションをしておこう

収益不動産収支シミュレーション

物件名：

前提：稼働率70%

物件価格	21,500万円	土地価格	9,612万円	建物価格	11,888万円	表面利回り	8.0%
年間家賃	17,174,000円	月家賃	1,431,166円	諸経費（概算）	約1,290万円	耐用年数	34年

融資額	20,000万円	期間	30年	利率	0.6%	年返済額	7,286,316円
月返済額	607,193円						

稼働率70%時の年度毎の収支

自己資金（概算）	約2,790万円	実質利回り（満室）	6.7%	実質利回り	4.4%	投資回収率	7.9%

年	賃料	経費	ローン返済	キャッシュフロー	ローン利息	減価償却費	会計損益	税金増分	実収支
1年目	12,021,800	2,536,090円	7,286,316円	2,199,394円	1,183,231円	3,496,470円	4,806,009円	1,441,802円	757,592円
2年目	12,021,800	2,536,090円	7,286,316円	2,199,394円	1,146,513円	3,496,470円	4,842,727円	1,452,818円	746,576円
3年目	12,021,800	2,536,090円	7,286,316円	2,199,394円	1,109,572円	3,496,470円	4,879,668円	1,463,900円	735,494円
4年目	11,901,582	2,530,079円	7,286,316円	2,085,187円	1,072,410円	3,496,470円	4,802,623円	1,440,786円	644,401円
5年目	11,901,582	2,530,079円	7,286,316円	2,085,187円	1,035,024円	3,496,470円	4,840,009円	1,452,002円	633,185円
6年目	11,901,582	2,530,079円	7,286,316円	2,085,187円	997,411円	3,496,470円	4,877,622円	1,463,286円	621,901円
7年目	11,781,364	2,524,068円	7,286,316円	1,970,980円	959,576円	3,496,470円	4,801,250円	1,440,375円	530,605円
8年目	11,781,364	2,524,068円	7,286,316円	1,970,980円	921,511円	3,496,470円	4,839,315円	1,451,794円	519,186円
9年目	11,781,364	2,524,068円	7,286,316円	1,970,980円	883,216円	3,496,470円	4,877,610円	1,463,283円	507,697円
10年目	11,661,146	2,518,057円	7,286,316円	1,856,773円	844,692円	3,496,470円	4,801,927円	1,440,578円	416,195円
11年目	11,661,146	2,518,057円	7,286,316円	1,856,773円	805,935円	3,496,470円	4,840,684円	1,452,205円	404,568円
12年目	11,661,146	2,518,057円	7,286,316円	1,856,773円	766,947円	3,496,470円	4,879,672円	1,463,901円	392,872円
13年目	11,540,928	2,512,046円	7,286,316円	1,742,566円	727,722円	3,496,470円	4,804,690円	1,441,407円	301,159円
14年目	11,540,928	2,512,046円	7,286,316円	1,742,566円	688,262円	3,496,470円	4,844,150円	1,453,245円	289,321円
15年目	11,540,928	8,456,046円	7,286,316円	▲4,201,434円	648,565円	3,496,470円	▲1,060,153円	▲318,045円	▲3,883,389円
16年目	11,420,710	2,506,035円	7,286,316円	1,628,359円	608,629円	3,496,470円	4,809,576円	1,442,872円	185,487円
17年目	11,420,710	2,506,035円	7,286,316円	1,628,359円	568,453円	3,496,470円	4,849,752円	1,454,925円	173,434円
18年目	11,420,710	2,506,035円	7,286,316円	1,628,359円	528,032円	3,496,470円	4,890,173円	1,467,051円	161,308円
19年目	11,300,492	2,500,024円	7,286,316円	1,514,152円	487,373円	3,496,470円	4,816,625円	1,444,987円	69,165円
20年目	11,300,492	2,500,024円	7,286,316円	1,514,152円	446,467円	3,496,470円	4,857,531円	1,457,259円	56,893円
21年目	11,300,492	2,500,024円	7,286,316円	1,514,152円	405,313円	3,496,470円	4,898,685円	1,469,605円	44,547円
22年目	11,180,274	2,494,013円	7,286,316円	1,399,945円	363,914円	3,496,470円	4,825,877円	1,447,763円	▲47,818円
23年目	11,180,274	2,494,013円	7,286,316円	1,399,945円	322,265円	3,496,470円	4,867,526円	1,460,257円	▲60,312円
24年目	11,180,274	2,494,013円	7,286,316円	1,399,945円	280,367円	3,496,470円	4,909,424円	1,472,827円	▲72,882円
25年目	11,060,056	2,488,002円	7,286,316円	1,285,738円	238,216円	3,496,470円	4,837,368円	1,451,210円	▲165,472円
26年目	11,060,056	2,488,002円	7,286,316円	1,285,738円	195,810円	3,496,470円	4,879,774円	1,463,932円	▲178,194円
27年目	11,060,056	2,488,002円	7,286,316円	1,285,738円	153,149円	3,496,470円	4,922,435円	1,476,730円	▲190,992円
28年目	10,939,838	2,481,991円	7,286,316円	1,171,531円	110,232円	3,496,470円	4,851,145円	1,455,343円	▲283,812円
29年目	10,939,838	2,481,991円	7,286,316円	1,171,531円	67,059円	3,496,470円	4,894,318円	1,468,295円	▲296,764円
30年目	10,939,838	8,425,991円	7,286,316円	▲4,772,469円	23,621円	3,496,470円	▲1,006,244円	▲301,873円	▲4,470,596円
31年目	10,819,620	2,475,981円	0円	8,343,639円	0円	3,496,470円	4,847,169円	1,454,150円	6,889,489円
32年目	10,819,620	2,475,981円	0円	8,343,639円	0円	3,496,470円	4,847,169円	1,454,150円	6,889,489円
33年目	10,819,620	2,475,981円	0円	8,343,639円	0円	3,496,470円	4,847,169円	1,454,150円	6,889,489円
34年目	10,699,402	2,469,970円	0円	8,229,432円	0円	3,496,470円	4,732,962円	1,419,888円	6,809,544円
35年目	10,699,402	2,469,970円	0円	8,229,432円	0円	0円	8,229,432円	2,468,829円	5,760,603円
36年目	10,699,402	2,469,970円	0円	8,229,432円	0円	0円	8,229,432円	2,468,829円	5,760,603円
37年目	10,579,184	2,463,959円	0円	8,115,225円	0円	0円	8,115,225円	2,434,567円	5,680,658円
38年目	10,579,184	2,463,959円	0円	8,115,225円	0円	0円	8,115,225円	2,434,567円	5,680,658円
39年目	10,579,184	2,463,959円	0円	8,115,225円	0円	0円	8,115,225円	2,434,567円	5,680,658円
40年目	10,458,966	2,457,948円	0円	8,001,018円	0円	0円	8,001,018円	2,400,305円	5,600,713円

実収支推移（稼働率70%時）

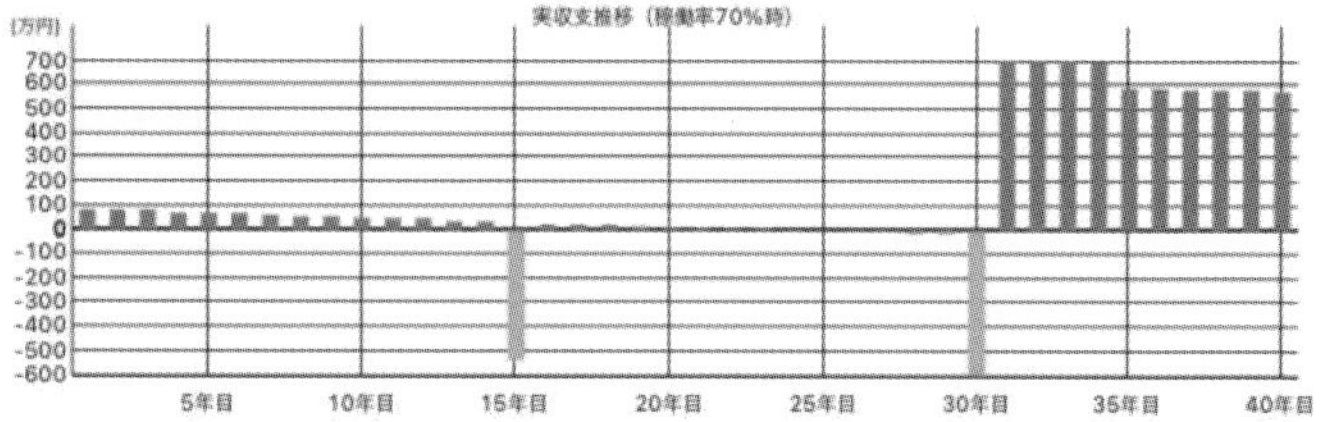

金融機関に希望条件を先に伝える

金融機関には、147ページで紹介した勤務先の給与明細や金融資産などの書類を提出する際、自分が希望する「返済シミュレーション」も同封します。

そして金融機関での面談のとき、こう聞いてみるのです。

「返済期間30年で設定して、金利1・2％の場合、このくらいフリーキャッシュフローが残ります。私としては、この条件が希望なのですが、どう評価されますか？」

交渉のポイントは、このように「自分の希望条件を先に伝えること」です。

金融機関でパッケージ化されたアパマンローンを利用する場合は、融資期間も金利もあらかじめ決められています。その条件を聞く前に、先にこちらの希望を伝えて、少しでも自分に有利な条件にしてもらえるような交渉に持っていくのです。

たとえば、購入予定の物件が、鉄筋コンクリート造（法定耐用年数47年）で、築20年だとすると、法定耐用年数は残り27年あります。けれども返済期間を30年にしてもらえれば、毎月の返済額は低く抑えられますから、そのぶんキャッシュフローが増えます。

金利についても、金融機関から先に「1・9％です」と提示されてしまうと、「そうですか」というしかありません。ですから、条件を提示される前に「金利は1・2％で考えていますがいかがでしょうか？」と希望を伝えてしまうのです。

そうすると金融機関も、妥協案を出してくることがありますから、自分で組み立てたキャッシュフロー重視の返済シミュレーションに、より近い形で契約ができます。

金融機関から金利を提示された後で、それを値切る交渉になると、値札がついている商品に対して値引き交渉しているような罪悪感がありますし、話を進めるのが難しくなります。融資に限らず、先に手を打つことは重要です。

ポイント

返済シミュレーションをベースに希望金利を伝えてみる

購入申込みはスピード重視

基本的に、1棟買いの不動産に同じものはありません。そのため、「これは！」と思うような優良物件は、競争率が高まります。

優良物件ほど、すぐに買い主がつきます。物件の条件がよければよいほど、すぐに売れてしまうのです。

ところが、急いで物件内容を精査して現地調査するなどしても、金融機関と融資の条件交渉などをしていると1カ月くらいすぎ去ってしまいます。場合によっては、2カ月くらいかかることもあります。

そのため、どれだけ迅速に「購入申込書」(買付証明書)と呼ばれる書面を不動産会社に出すかが勝負になります。購入申込書には、「希望価格」「希望契約日」「希望引渡日」「融資利用の有無」「手付金額」といった条件を記載して、署名・捺印します。

この購入申込書を一番先に出しておけば、その後どんなに属性の高い人が申込書を提出しても、基本的には優先的に買えます。

ただし、たまにキャッシュ（現金）で購入する業者に負けてしまうことはあります。

2020年4月、私が7棟目に購入した1億3000万円のテナントビルが、まさにスピード勝負の物件でした。

この物件は、母に親孝行をしたいと思って購入したものです。というのも、母は習い事の先生はしていたものの、基本的には専業主婦で自分自身の収入がなかったため、ずっと父の収入で暮らさなければならないことを気にかけていました。

そこで、私が新しい法人を登記して代表になり、母には役員に入ってもらって、一緒に不動産賃貸業をやっていこうという話になったのです。

こうすることで、母に役員報酬を支払えるようになります。

法人登記し、地元・愛知県で物件と金融機関を探しはじめたのは、同年6月頃でした。すると8月に不動産会社から物件概要書が届いて、「これはいい物件だ！」とピンときたので、すぐに居住地の東京から物件がある名古屋へと新幹線で向かいました。

このとき、お付き合いのある地元の信用金庫の担当者に事前に連絡したところ、一緒に物件を下見してくれたのです。そして、「この立地で、この条件なら大丈夫ですね」とすぐに稟議書を回してくれて、それが受理され、不動産会社に「購入申込書」を提出することができました。


ところが、その後、問題が発生しました。

新しく法人をつくったので、その審査を信用金庫内で通してもらわなければいけません。返済シミュレーションを含めた事業計画書も、かなり厳しめの条件で設定していたので、私から「返済期間を長くしてください」「金利をもう少し下げてください」とお願いしたり、逆に信用金庫側から「頭金をもう少し入れてください」とお願いされたりと、細かいやりとりが頻発したのです。

条件面では妥協できない部分もあったため、交渉を粘り強く進めたところ、融資の承諾を得るまで、2カ月近くもかかってしまいました。

それ以上に想定外だったのは、契約の直前に売り主側の不動産会社が、手の平を返すように販売条件を変えてきたことでした。具体的には「ローン特約をナシにしてほしい」という申し出です。

ローン特約（融資利用特約）というのは、売買契約後に金融機関から融資を受けられなくなったら、売買契約を解除できるというものです。契約時に支払った手付金や仲介手数料は戻ってきませんが、融資を受けられないまま物件を購入するリスクは避けられます。

その特約を白紙に戻したいという交渉をされたことは一度もなかったので、驚いたとともに、「今後さらに妙な条件をつけられたらたまったもんじゃない」と思い、売買契約書を穴が開くほど何回も読み直しました。

結局、数カ所ほど契約内容の訂正をお願いして、ようやく正式に契約を締結できた頃には12月末になっていました。

さらにその後、売り主が物件の測量図面を紛失したことがわかり、測量をやり直してもらったりして、引き渡しまでさらに4カ月も要してしまいました。

なんだかんだで、物件を買おうと決めてから1年ほどかかってしまい、これまでで一番手間がかかった物件となりました。それでも、「購入申込書」を一番に出していたからこそ、売買契約や引き渡しにどんなに時間がかかっても購入できたのです。

運よく優良物件が回ってきたときは、とにかくスピード勝負で「購入申込書」を出すことが先決です。

ポイント

好条件の物件は一番に申し込み

COLUMN 2

銀行預金は「100％負け」の金融資産

私は大学時代、クレジットカードで毎月の返済が一定額の「リボルビング払い」（リボ払い）を利用してｉＰａｄを買って、痛い目に遭ったことがありました。

毎月の返済額の安さにばかり気をとられてリボ払いにしたものの、金利を含めた15％もの手数料が上乗せされたローンがずっと続いたのです。

よく調べてみると、カード会社が金利でボロ儲けする仕組みに気づいたときのショックは忘れられません。悔しくて、腹が立って、頑張ってアルバイトをして一気に繰り上げ返済をしました。

このとき、金利の怖さを知った半面、逆に金利を得られる立場になれば、うまくお金が増やせるということに気づきました。

その後、大学を卒業して野村證券に入社した私の初任給は、手取り16万円ほど。先にも触れたように「経済を回せ！」という社風のなか、私も外車やブランドもの好きの先輩たちの真似をしてすべて使い切っていましたが、そんなときに尊敬していた先輩から、「君も持ち株会に入ったほうがいいよ」とすすめられたのです。

貯金をまったくしていなかった私は危機感を覚えて、「あの先輩がいうことなら間違いない」と思い、給与天引きで毎月10万円、ボーナス時80万円、購入限度額上限の年間200万円で自社株購入をスタートしました。

毎月手元に残るお金は6万円ほどになってしまいましたが、就職してからは地元・愛知での勤務となり、実家暮らしだったのでなんとかやっていけました。実家に食費を入れる他、ランチ代、洋服、化粧品などの出費はありましたが、ギリギリまで切り詰めて少しずつ貯金もしていました。

当時は、仕事の関係で投資の知識も深まっていたので、銀行預金には価値がないことには気がついていました。**いまや銀行預金は世の中でもっとも価値がないもののひとつ。「100%負け」の金融資産なのです。**

毎月手元に残るのが6万円というのは、無謀といえば無謀でしたが、「将来のために、いま我慢すれば豊かになれる」という確信があったので迷いはありませんでした。

その後、将来の目標達成の手段として不動産投資をはじめたときは、入社3年目にして貯金300万円と従業員持株会の株式200万円が軍資金としてあったのです。

第 4 章

空室に悩まない賃貸経営の秘訣

理性と感情で行動する力

管理会社への積極的アプローチで稼働率ほぼ100％

不動産投資の最大のリスクは、家賃収入が減る「空室」にあります。空室になって収入が減っても、運営経費や固定資産税などの税金、借入金の返済といった出費は減りませんから大きな痛手になります。

キャッシュフローを悪化させる一番の原因が空室ですから、不動産賃貸業は「空室対策」が重要なポイントなのです。

私が所有している7棟は、空室が出てもすぐ埋まるため、稼働率94～97％をキープしています。

空室対策として管理会社からよく提案されるのは、「家賃を下げる」「物件案内の広告を出す」といったこと。しかし、私はどちらにも賛成しません。

家賃を下げたら空室は埋まるかもしれませんが、いったん家賃を下げると契約期間の数年間は元に戻せません。そのぶん当面の家賃収入は減り続けますから、キャッシュフローも利回りも悪化します。

物件案内の広告も有効かもしれませんが、経費（出費）が発生してしまうことで、同じくキャッシュフローが悪化します。

では、どうやってキャッシュフローを悪化させずに空室対策をするのか？

そのことを私が学んだのは、最初の物件を購入したときでした。決して条件が悪くない物件なのに、購入時は10室中5室が空室だったのです。

その物件は、私が購入してからも、しばらくは空室が埋まりませんでした。物件管理を委託している管理会社に問い合わせてみると、「問い合わせが5件あったんですけど、結局ダメでした」「問い合わせのあった3人が内見（内部見学）したのですが、結局決まりませんでした」といった報告だけで、入居に至らなかった根本的な原因がわかりませんでした。

そんな状況がしばらく続いたので、本当に現地を案内してくれているのか気になって、車で1時間半かけて物件の現地まで行ってみると、そこで唖然としました。

空室の郵便受けには、古いチラシが大量に詰め込まれたまま。共有部分は掃除された形跡がなく、空室の部屋に入ってみると、室内にカビ臭さが充満していたのです。長いこと空室が放置され、室内の換気をしていなかったのでしょう。

さらに水道も長らく使っていないため、キッチンの排水溝からは腐ったような臭いもしていました。ベランダには、上階の洗濯物が落ちている始末です。

「管理会社がぜんぜん手をかけていないじゃない。これじゃ現地案内もしていないに違いない」と思いました。

でも、ここでオーナーとして、管理会社にブチ切れてしまったらおしまいです。「管理会社をかえますよ！」などと脅し文句をいったり、ケンカ腰になったりすることは逆効果でしかありません。

管理会社にとっては、たくさんある管理物件のなかで、1棟や2棟減ったところで大きな影響はないはず。「ああ、そうですか（うるさい大家がいなくなってホッとする）」と、あっさり引き下がられるかもしれません。

金融機関や不動産会社と同じように、管理会社も味方につけることが大事です。**「管理をずっとお願いしていきたいので、一緒に解決していきましょう！」というスタンスで、こちらから管理会社に働きかけていくのです。**

具体的には、「こういう物件って、どうしたら空室が埋まると思いますか？　プロのご意見を伺いたいので、ぜひ教えてください！」と相手に敬意を払いつつ、相談します。そのうえで毎週、入居希望者の「問い合わせ件数」「内見数」を報告してくれるようにお願いするのです。

内見した入居希望者が契約に至らなかった場合、その理由をきちんと確認。「家賃」「立地」「内装」「キッチン」「バス・トイレ」など、契約に至らなかった原因はいろいろと考えられますが、どうすれば成約できるか、担当者と一緒に対策を考えるのです。

ポイント

管理会社を味方につけて一緒に問題を解決していく

管理会社にも手みやげ持参で〝逆営業〟

空室対策というと、オーナーが管理会社にあれこれ文句をつけがちですが、一方的に指示・命令を下すようなことをしても、担当者がやる気になってくれるとは限りません。逆に反感を買って、空室も埋まらない可能性が出てきます。

それよりも、やはり相手を管理のプロとしてリスペクトしつつ、「こういう場合、どうすればいいでしょうか？」と相談したほうが、前向きに話を聞いてくれます。

実際、多くの担当者は、「毎週現地へ行って、郵便受けのチラシを処分しておきます」「空室の空気も入れ換えておきましょうか？」「共有部分の掃除もしておきますね」というふうに、自ら改善点を提案して行動してくれるようになります。

そこですかさず「ありがとうございます、ぜひお願いします！」といって、自発的に行動してもらえるように仕向けるのです。これこそがキャッシュフローを悪化させ

管理会社との空室対策のポイント

- ✓ 管理会社の担当者をリスペクトして空室対策を相談する
- ✓ 入居希望者の「問い合わせ件数」「内見数」を報告してもらう
- ✓ 管理会社を訪問する際は手みやげを欠かさない

ない空室対策となります。

自分がもし管理会社の担当者だったら、どうすればやる気になるでしょうか？　いくらお客でも、口うるさく注意されたり、脅されたりしたら、やる気にはなりません。

それより「本当に困っているんです。どうすればいいか教えてください！」と率直に相談してもらったほうが、「なんとかしてあげよう！」という気になるものです。

「教えてください！」と素直にいうのに、年齢も性別も関係ありません。管理会社の担当者が自分より年下だろうが若い女性だろうが態度を変えず、丁寧な対応を心がけます。空室対策の知恵や工夫について、その道のプロに教えてもらえること自体、大家にとっては知恵の蓄積になるのです。

また、**管理会社に訪問する際も、やはり手みやげ（差し入れ）持参を欠かしません。担当者は若い男性が多いので、食事代わりになるパンがけっこう喜ばれます。**

ビール券や金券のようなものは、賄賂的なニュアンスが強くなるので、食べ物のほうが気持ちよく受けとっていただけます。

営業所には女性スタッフもいますから、甘いお菓子など女性に喜んでもらえそうなものを渡すと、周りの人にもお裾分けできるので男性担当者の株も上がります。

こうした配慮の積み重ねで、「この大家さんの物件は手を抜けないなぁ」と思ってもらえれば大成功！　管理会社との信頼関係を築いていくと、数ある管理物件のなかでも、優先的に手間をかけてもらえるようになるのです。

ポイント

管理会社への差し入れは意外にもパンが喜ばれる

管理会社と一緒に「仲介会社」を営業する

空室対策となる入居者募集は「客付け」（94ページ参照）と呼ばれ、管理会社が客付けに強い仲介業者に任せるケースも多いです。客付けの仲介会社として有名なのは、「ミニミニ」「エイブル」「アパマンショップ」などがあります。

こうした客付けの仲介会社に任せても空室が埋まらない場合、私は委託している管理会社に「どこの客付けに『マイソク』を渡していますか？」と聞きます。

「マイソク」というのは、「物件概要」「地図」「間取り」などをまとめた資料のことです（多くはB4サイズ）。客付けの仲介会社は、このマイソクやレインズ（95ページ参照）の情報をもとにチラシを作成して店舗の入り口に貼ったり、インターネットで物件情報を公開したりして、入居者を募集します。

たとえば、「マイソクはミニミニとエイブルに渡しています」といわれたら、さらに「入居希望者から何件問い合わせがあって、何件内見したのでしょうか。決まらなかった場合、断られた理由を毎週報告してください」とお願いします。

それでも入居者が決まらない場合、「私と一緒に客付けの仲介会社を回っていただけますか？」と自ら営業をしかけます。

管理会社にしてみれば、オーナーと一緒に客付けの仲介会社を巡るなんて面倒だし、気を遣うことです。進んでやりたくはないでしょう。

私としても時間も手間もかかりますから、できることならやりたくありません。けれども、空室は最大のリスクですから、自ら動いて一刻も早く解決したいのです。「一緒にやりましょう。私も頑張りますから！」という姿勢を見せると、担当者も動かざるを得ません。

そうなると次からは、オーナーと一緒に客付けの仲介会社を巡りたくない一心で、空室を埋めようと努力してくれるようになります。実際、「○月×日までに決まらなければ、私もまた一緒に客付けに伺わせていただきます」と伝えると、それまでに必ず入居者を決めてくる担当者もいるほどです（笑）。

もちろん、入居者を決めてくれた担当者には、手みやげを持ってお礼に伺います。

ただ単に口うるさいだけのオーナーでは、信頼関係を築くことはできません。やはり、相手に対する感謝とリスペクトの気持ちを伝える配慮が大切なのです。

ポイント

入居者が決まらなかったらオーナー自ら客付けに動く

ちょっとした工夫で物件の魅力がアップ！

私は不動産投資の拡大に重きをおいていますから、大家さんとしての管理業務は、基本的に管理会社に委託しています。ただし、住宅設備についても、100％任せっぱなしというわけではありません。

Ｗｉ‐Ｆｉ環境の整備、古くなったエアコンの付け替え、モニター付きインターホンへの交換、宅配ボックスの取り付けなどを提案して、管理会社を通して実行しています。コンビニが近所にない物件には、敷地内に飲料の自動販売機を設置すると、毎月の収入の上積みにもつながりますし、物件の属性も高まります。

必要だと思ったらケチらず、思い切って設備投資したほうが空室対策にもつながります。そうした経営判断は管理会社任せにせず、自分自身で行っているのです。

また、共有部分の窓には、100円ショップで売っているウォールステッカーのような飾りを買ってきて、窓にペタペタ貼ってハロウィーンやクリスマスなどの飾り付けもしています。

1棟目のアパートには、内階段の踊り場に出窓があって、小物を置けるスペースがあるので、季節ごとの花や植物、松ぼっくりなどを置いて、入居者の方々に少しでも喜んでもらえる工夫をしています。

こうしたことは、あまりお金はかかりませんし、誰にでもできる簡単なことです。その割に、入居者の方々への愛情が伝わります。

空室の内見者向けに家具や小物で部屋を演出して賃貸契約を促す「ホームステージング」も、モデルルームのように豪華にする必要はありません。キッチンなども100円ショップのグッズで飾り付けしています。

ときにはカボチャなどの旬の野菜をカゴに入れて、管理会社に「このカボチャの旬が過ぎて撤去するまでには入居者を決めてくださいね」という暗黙のサインとして飾ることもあります。

空室対策のためにリフォームする大家さんもいるようですが、私はそこまで大がかりな追加投資はしていません。

リフォームが必要にならないように購入前の物件見学の際、修繕が必要な箇所があるかどうかを入念にチェックします。たとえば、水道はちゃんときれいな水が出るか、水道管から水漏れしていないか、ドアやサッシや収納扉などはスムーズに開閉できるか、押し入れや壁にカビが生えていないか、といったことです。

共用部分を100円ショップの材料でデコレーションするだけで
入居者に大家の心遣いが伝わる

物件が古くても、大規模な修繕をする必要がなければOK。単身の男性入居者を想定して購入している物件がほとんどなので、必要最低限の設備を問題なく使えれば十分だと思っています。

そのぶん、女性受けはしないだろうと思っていたのですが、実際には女性の入居者が20～30%を占めています。

千葉県某市の物件は、風呂・トイレ・洗面台が一緒になった3点ユニットタイプですが、ここにも女性が住んでいます。どんな物件が、どんな人のニーズに合うのか、こればかりは、いまでも正確にはわかりません。

共有部分や外観の清潔感をキープして、少しでも住みやすい設備を整えるなど、生活するうえで困らない程度の管理をすることは、オーナー自身もできること。これが空室リスクを低減する1つの技術なのです。

ポイント

お金をかけずに物件内を明るくデコレーション

物件購入前にここをチェック！

周辺環境／共有部分	
☑ 駅からの道のり	徒歩・車での時間、学校や病院など公共設備があるか 大通りに面しているか、街灯はあるか コンビニ・スーパーなどがあり、生活しやすい環境か
☑ 駐車場	駅から距離がある場合、駐車場は部屋数完備されているか 周辺で駐車場を借りられるか 駐車場に白線はあるか
☑ 駐輪場	放置自転車はないか、整理整頓されているか、ごみはないか
☑ 境界	土地の境界線はあるか、道路を広げるセットバックの有無
☑ ごみ捨て場	汚れや放置ごみなどはないか
☑ 外壁	塗装が分解して表面が粉状になるチョーキング・修繕履歴・ツタの有無
☑ 基礎	クラック（ひび）が入ったり、鉄筋が出ていないか
☑ インターフォン	モニター付きか
☑ 電気メーター	動いているか、入居状況が資料と相違ないか
☑ 屋根	防水・塗装はしっかりしているか、修繕履歴の有無
☑ 法定点検	消火器・貯水槽の期限
☑ 清掃状況	頻度・金額、植栽の状況、清掃用具置き場の確認
☑ 窓の位置	日当たりの確認
☑ メールボックス	チラシが散乱していないか 宅配ボックスの有無、（ない場合は）追加で置けるか
☑ 自動販売機	置けるスペースがあるか
☑ 共用階段	サビや腐食、破損はないか
☑ 共用廊下	勾配の有無、私物が放置されていないか

専有部分	
☑ 天井・壁	雨漏りの跡、傾き、クロスのはがれはないか
☑ キッチン	排水管にフタはあるか、扉の建付けや水漏れの確認
☑ 換気扇	動作確認、異臭はないか
☑ 収納	カビ・異臭・湿気・広さの確認 和式の押し入れから洋式のクローゼットへの変更が必要か
☑ 建具・サッシ	変形・浮きがなくスムーズに開け閉めできるか
☑ 和室	畳のカビ、異臭、湿気はないか 畳からフローリングへの変更が必要か
☑ エアコン	設置可能か
☑ 窓の位置	日当たりの確認
☑ 床下	変形・湿気の確認
☑ 天井	変形・湿気・水染み跡・界壁の確認
☑ トイレ	温水洗浄便座かどうか (ない場合は)設置用コンセントがあるか
☑ お風呂	サビ・異臭・水栓・換気扇の確認
☑ 洗面所	洗面台の割れ・ヒビ、独立洗面台の有無 洗濯機置き場と排水管のフタの確認
☑ 設備	火災報知器・照明・給湯器の確認

持ち物	
マイソク	スリッパ
レントロール	メジャー
スマートフォン(ライト・メモ・カメラ)	ゴルフボール(傾斜の確認のため)

家賃値下げでなく「フリーレント」を活用する

家賃20万円を超えるような賃貸マンションには、「敷金2カ月」「礼金3カ月」といった強気の設定をしている物件もあります。高所得者向けの賃貸マンションは、それでも借り手がつくからです。

けれど、1棟5000万円から1億円くらいまでの価格帯のアパートは、家賃5万～10万円ほどが多いです。立地や規模にもよりますが家賃が15万円以上になると、1棟3億円以上が目安になります。

入居希望者にとって一番わかりやすいメリットは、「敷金」「礼金」の安さです。

私は月々の家賃をベースに収支のシミュレーションをしているので、入居してもらうことが最優先。基本的に「敷金」「礼金」はゼロでかまいません。

空室対策でありがちなのは「家賃を下げる」ケースですが、これまで私は一度設定した家賃を下げたことはありません。

前述したように、一度家賃を下げてしまうと継続的に家賃収入が減り、キャッシュフローも目減りしてしまうからです。

その代わり、私がよく活用しているのが「フリーレント」（家賃が無料になる期間を設ける）という方法です。これは、入居後1～3カ月程度の家賃を無料にする契約のことです。

私の場合は、当初1カ月分の家賃を無料にすることがあります。家賃を下げず1カ月無料にするだけなら、キャッシュフローへの影響も限定的だからです。

入居希望者にとって、1カ月の家賃5万～10万円が浮くとなると、かなりのお得感を得られるので入居率が上がります。

こうした入居案内には、ひと工夫が必要です。

家賃交渉をしてくる入居希望者は、けっこう多いです。そのため、私は事前に対策を講じています。

入居希望者から「家賃を下げてほしい」「あと3000円家賃を下げてくれたら契約する」などと交渉されたら、管理会社の担当者には「一度、大家さんに確認してみます」と確認するフリをしてもらうのです。

私からは、「家賃交渉があったらフリーレントを使ってください」と事前にお願いしていますが、あえて入居希望者に待ってもらうのです。

そして、担当者から「大家さんに確認したところ、1カ月分の家賃を無料にしてくれるそうです。ただし、いますぐお決めいただいた場合ですが、どうされますか?」と提案してもらうと成約率がグッと高まります。

このように空室対策は、なるべくキャッシュフローに悪影響が出ない方法で対策をとることが鉄則です。

ポイント

フリーレントで入居者の初期投資を抑えたい気持ちに訴えかける

高利回りの〝ボロ物件〟には手を出さない

不動産賃貸業にとって、空室とともにやっかいなのが「家賃滞納」です。

そのため、入居者と賃貸契約書を交わす際は、家賃を支払えなくなったときに代わりに支払い義務を負う「連帯保証人」を立ててもらいます。

最近は、身内や親戚に連帯保証人を頼めないことが多く、管理会社が契約している「家賃保証会社」を利用するケースも増えています。入居者が家賃保証会社に保証料を支払うことで、連帯保証人代わりになってもらうのです。

管理会社によっては、連帯保証人がいても、万が一のときに１００％補償を得るために家賃保証会社と法人契約しているケースもあります。

私は「単身の男性会社員」を入居者として想定していますが、物件価格が破格の安

らです。

さて家賃も極端に安いようなアパートには手を出さないようにしています。

そういう物件では何かとトラブルが多かったり、夜逃げするケースもあると聞くからです。

私が不動産投資をはじめたばかりの頃は、初期投資を低く抑えられる激安のワケあり〝ボロ物件〟への不動産投資が、ちょっとしたブームになっていました。

物件価格がタダ同然から500万円程度で買えるような激安の1棟アパートだけに、利回りが20％以上も見込めるため、時間や労力をたっぷりかけられるなら高利回りを実現する選択肢としてもてはやされたのです。

ここにきてコロナ禍の影響もあって、初期投資の低い副業として〝ボロ物件〟が再び注目されました。そのため物件価格が高騰するという事態も起こったほどです。

私自身は、家賃滞納などのリスクが高いので、そうしたボロ物件には手を出しません。不動産投資は、目先の高利回りだけで判断すると落とし穴にハマることがあります。実際、〝ボロ物件〟では、空室率の増加や家賃の下落でキャッシュフローがマイナスになる例が続出するようになりました。

私は基本的に鉄筋コンクリート造か重量鉄骨造の物件で、単身の男性会社員を入居者として想定していますが、新しい入居者を審査するときも慎重に判断するようにしています。これまで家賃滞納されたときもせいぜい1カ月で、退去をお願いしたり、内容証明付きの警告書を送ったりというほどの事態は経験したことがありません。

ポイント

家賃保証会社を上手に利用する

物件の清掃はシルバー人材センターを活用

大手の管理会社には、客付けは得意でも建物管理がいい加減というところもあります。管理会社をかえるべきか判断に迷うところですが、やはり客付けに強い会社は賃貸経営をするうえで大きな味方になります。地元の不動産会社に聞いても、「あそこを外すと空室が埋まらないよ」といわれることもよくあるのです。

その場合、建物管理がいい加減でも契約は続けて、実作業をアウトソーシングする方向に発想を転換するのも一手です。**私は物件の清掃を、シルバー人材センターからの派遣さんによくお願いしています。**

お年寄りは仕事がとても丁寧なので、安心してお任せできます。1棟の共有部分を2週に1回清掃していただいて、1カ月3000～5000円と料金も格安。高齢者の雇用を生むという意味でも、シルバー人材センターを活用するのはとてもいいことだと思っています。

管理会社に任せると、1カ月に1万円ほどかかる割には、清掃を適当に終わらせているケースも目立ちます。手抜きがあまりにもひどかったときには、現場の証拠写真を撮って、管理会社に改善を促したこともありました。

それくらい、「大家がちゃんとチェックしていますよ！」ということを伝えないと、ちゃんと管理してくれないケースも実際にあるのです。

大手デベロッパー所有の高級マンションで、管理会社が契約している専門業者に高いお金を払って清掃してもらっているなら話は別です。しかし、小規模の中古アパートでは、そういうわけにはいきません。

大家が自分から行動しなければ、管理会社が優先的に扱ってくれることなど、まずないと思ったほうがいいでしょう。

私は物件管理を管理会社に委託していますが、所有している7棟の物件は定期的に見て回るようにしています。175ページで触れた最初の物件の経験もいかして、特に購入後の半年間は、月1回ペースで現地調査に行きます。

場所が離れていてすぐに行けない物件も、大雨や台風の被害が心配なときは、必ず見に行くようにしています。

空室もなく、入居者からのクレームもない物件であれば、しばらく足が遠ざかることもありますが、近くに行く用事があれば必ず立ち寄っています。

このように、自分が所有している物件は気にかけて、何かあればすぐ駆けつけること。フットワークを軽くして行動することが、不動産賃貸業の成功には欠かせません。

ポイント

管理会社に委託していてもチェックは欠かさない

いざというとき損しないための保険の条件

保有している不動産は、１棟ごとに必ず火災保険に入ります。そのための保険代理店選びはとても重要で、どこを選ぶかで保険内容がけっこう変わります。

たとえば、近年増えている台風や水害で建物が損害を受けた場合、保険料が出るかどうかも保険商品によって差があります。

保険を申請するのはオーナーですから、損害の補償を認めてもらうための書類を用意しなければいけません。

金融機関に提出する書類と同じ要領で、ある程度の作文スキルが求められます。その申請作業の仲介会社もありますが、手数料が高額だったりしますから、私は基本的に自分自身で作成しています。

私は「日本で一番、火災保険を下ろしてくれる」と定評がある保険代理店と契約しています。

物件を買うたびに、その保険代理店と契約しているのですが、契約する際は、必ずフルオプションの満額プランに加入します。なにか不測の事態が起きたときに保険料で対処できますし、保険料は不動産収入の必要経費として計上できます。

火災保険は特約も大事で、なかでも「電気的・機械的事故の特約」は必ずつけています。この特約があると、エアコンが壊れたり給湯設備が壊れたりしたときに保険でまかなえるからです。

私が買ったテナント付きの物件も、給水ポンプが壊れてしまって、先に自分で支払った修理代をあとで補塡してもらって助かりました。

保険でまかなえるといっても、エアコンが壊れたときなどは、ネット通販で取り替え用の製品を自分で検索してコストパフォーマンス（コスパ）のよいものを買うようにしています。管理会社が買い換える製品は、だいたいコスパが悪いので、面倒でも自分で探して「これに付け替えてください」と管理会社にお願いするのです。

保険代理店にしろ、管理会社にしろ、そうした細かいことをこまめに交渉する習慣が大事です。「このオーナーはお金に細かいぞ」と思ってもらったほうが、相手も気を抜けなくなるからです。

一方、地震による損害や倒壊は、満額プランに入っていても火災保険の金額の半額が補償の上限となっています。地震は、どこに住んでいても被害に遭う可能性があります。だからといって、「不確定なリスクを怖れて、不動産投資をあきらめるなんてもったいない」というのが私の考えです。

地震対策として投資家ができることは、購入する物件のエリアを、東京・千葉・愛知というように分けて、どこかの物件が被害に遭っても、他の物件は問題なく維持できるようにリスク分散しておくことです。

また、水害対策としては、海沿いや河川の近くにある物件や、海抜が低いエリアにある物件は買わないようにしています。災害リスクが高い場所を示す「ハザードマップ」も必ず調べて、災害危険度が高いエリアは避け、危険度が少しでもあるエリアの物件は、そのリスクを考慮して、買うかどうかを判断します。

国土交通省が運営する「ハザードマップポータルサイト」(https://disaportal.gsi.go.jp/)がネットで公開されており、地名を入力すれば、そのエリアの「洪水」「土砂災害」「高潮」「津波」「道路防災情報」などを簡単に検索することができます。

自然災害は、いつ起こるかわかりません。火災や地震保険には満額で入って、最大限のリスクヘッジをする。このバランスが大事だと思っています。

ポイント

「電気的・機械的事故の特約」は必ずつけておく

序 計画力
1 成功力
2 営業力
3 交渉力
4 行動力
5 投資力

第 5 章

タイプ別
おすすめ不動産投資

自分を客観視して
投資する力

あなたにうってつけの不動産投資

不動産投資をはじめるにあたって、自分の職業や年収、保有資産といった属性からすると、どのような物件購入が望ましいのか？　わからない人も多いと思います。そこで、タイプ別におすすめの不動産投資を紹介することにしましょう。

年収500万円クラスの会社員へのおすすめ

エリア：地方都市（政令指定都市）　**利回り**：8〜15％
物件：中古区分アパート・築古戸建て
物件価格：1000万〜2000万円

不動産投資を考えている会社員は、おそらく年収400万〜700万円くらいがボリュームゾーンでしょう。そこで、ざっと年収500万円クラスの会社員をモデルケースとして、おすすめの不動産投資を考えてみます。

本書で何度か触れているように、会社員が購入できる物件価格は、年収の10倍までが目安となります。金融機関の融資上限が、年収のほぼ10倍だからです。

年収500万円であれば、おおよそ5000万円が物件価格の上限の目安になるということです。

私自身は年収460万円のときに自己資金250万円を元手に4800万円の1棟アパートを買いましたが、より小さくスタートしたいならば、比較的手を出しやすい1000万〜2000万円くらいの中古区分マンションか、ファミリー向けの3LDKくらいの築古戸建てあたりが妥当でしょう。

中古区分マンションの場合、築20年以内で、利回り10%以上はほしいところです。

いざとなったら売却できるように、少しでも条件のいい優良物件を探しましょう。

ところが実際は、「ボロ物件でもいいから利回りは20%ほしい」という〝利回り至上主義〟の人も少なくありません。古ければ古いほど管理に手間がかかりますし、リフォームに思わぬ出費がかさむことにもなりかねませんから要注意です。

築30年以上の中古物件は、設備や見た目の古さからニーズが高くないため、空室が埋まりにくい傾向があります。

一人暮らしやDINKS（夫婦共働き・子どもなし）向けの区分マンションは、転勤・転職で空室になりやすいので、古い物件だと稼働率が上がりにくいのも難点です。

一方、ファミリー向けの3LDKくらいの築古の戸建て物件の場合、いくつかリスクヘッジしておく必要があります。

しょっちゅう引っ越しする転勤族は別ですが、ファミリー世帯はいったん入居すると、そう簡単には出ていきません。それはありがたいことなのですが、空室になってしまったときが大変です。古い一軒家は他の物件と競争できる材料が少ないので、空室を埋めるために手間暇がかかるケースが多いのです。

さらに「木造」の築古戸建ての場合、よほど不便なエリアでなければ、木造建築の法定耐用年数として定められている22年をオーバーしている物件しか、この価格帯だと買えないはずです。
つまり、その年数を超えている築古の戸建て物件の上物には資産価値がないので、土地だけの値段だと思って買うしかありません。

区分マンションにしても、築古戸建てにしても、このクラスの属性だと、物件を買えるエリアは必然的に不動産相場が安い地方（エリア）になるでしょう。だからといって、あまりに田舎過ぎても空室が出て困るので、全国に20市ある「政令指定都市」の周辺にあるベッドタウンが狙い目です。

戸建ての場合、場所は駅近でなくても駐車場があれば問題ありません。地方在住のファミリーはマイカー生活が一般的なので、むしろ駐車場がないと厳しいです。大人1人につき車1台で生活している世帯も珍しくないので、2台以上の駐車場がある物件は、他と差別化できます。

ファミリー向けの物件は、周辺環境も重要です。保育園、学区、病院、スーパーなど、子育てに適した環境かどうかもよく確認してください。

ただ、条件がよくなればなるほど、当然、価格も高くなります。自己資金を貯めてよりよい条件の物件を買うべきか、それとも単身者向けに絞ったほうが買いやすいのか、よく考えましょう。

年収500万円クラスでも属性が低く、自己資産（資金）が少ない場合、そもそも金融機関が融資してくれない可能性もあります。

勤務先が上場企業で自己資金が300万円前後あれば、私のように年収460万円でも1棟買いするくらいの融資を受けることは可能です。

また、既婚者の場合、会社員として働いている配偶者が連帯保証人になると、そのぶんの年収も資産として加算されます。

夫が年収500万円、妻が年収300万円なら、夫婦合わせて800万円の世帯年収になるので、買える物件の幅が広がるのです。

共働きの夫婦は、このように世帯年収で考えることもできるので、どのくらいの規模の不動産投資をするのが現実的か、よく検討してから物件探しをしたほうがいいでしょう。

年収1000万円クラスの会社員へのおすすめ

エリア：地方都市（政令指定都市）　**利回り**：7〜9％
物件：築20年以内の1棟アパート　**物件価格**：5000万〜1億円

年収1000万円クラスは、買える物件の価格帯が、5000万〜1億円くらいまで広がります。物件のタイプは、4〜10部屋くらいで築20年以内の1棟アパート、利回りは7〜9％が目安です。

年収1000万円クラスの人は仕事も忙しいはずなので、高利回り（20％以上）の〝ボロ物件〟を買っても管理やトラブルに手が回りません。利回り8％前後でも安定的に稼働してくれる物件のほうが、結果的にはメリットが大きくなります。

不動産を買うのは大家さんになるためではなく、あくまでも投資のため。そう割り切って、極力、手をかけなくてもいいような、それほど古くない物件を選んだほうが無難です。

会社員時代の私が26歳のときに買った1棟目は築18年、全10室の1棟アパート。価格4800万円、利回り10・79％と、このタイプに近かったです。年収460万円だった当時の属性からすると、掘り出しものの物件だったといえます。

この1棟アパートを買った私の実感として、利回り10％でコツコツ働いてくれる物件はオーナーのＱＯＬ（生活の質）が上がります。

築20年以内で比較的きれいな物件は、空室対策のストレスがぐっと減ります。管理会社やオーナーがあれこれ手を焼かなくても、入居者が途絶えない物件ほど楽なものはありません。

ただし同じ条件でも、政令指定都市以外になると、空室対策はかなり厳しくなるでしょう。そもそも政令指定都市以外で、単身者が多いエリアがそれほど多くないからです。そういったリスクも考慮して適切なエリアを選び、ちゃんと働いてくれる物件を買うことが成功の第一歩です。

1棟目が黒字経営できれば、2棟目のアパートを買える可能性も出てくるでしょう。

また、年収500万円クラスの場合でも説明したように、年収1000万円クラスの人も、夫婦共働きであれば、どちらかに連帯保証人になってもらうとメリットが大きくなります。

とはいえ、不動産投資に対してよくないイメージを持っている女性が多いのも事実（私のような女性は珍しいのです）。私は資産アドバイザーやセミナー講師としても活動しているのですが、女性は男性に比べると理詰めで説明してもピンとこない人が多いことに気づかされました。

もしもあなたが既婚男性で、奥さまが投資そのものに興味も関心もない場合、数字を並べて「これだけ利益が出る」と理詰めで説明しても、理解を得られないことが多いでしょう。

男性は逆に、理詰めで説明しないとわかってもらえないことが多いですが、女性は感情を動かされないとなかなか前向きな反応を示さない傾向があるのです。

では、どうすれば奥さまに不動産投資について理解を得られるか？　一番のおすすめは、大家さんの会や投資家同士の集まりに、夫婦一緒に参加してみることです。

そのような集まりには、すでに夫婦で不動産投資をしている人も参加しているので、同じような立場の人の話を一緒に聞いてみることで現実味が高まるのです。

夫婦だけで話し合うと距離が近すぎて、感情が先走ってしまいがちですが、第三者の意見であれば客観的かつ冷静に耳を傾けるものです。

不動産投資で成功された人は、見た目が派手で、高級なブランド物を身につけていたりするので、そういうものが好きな女性は（私はまったく興味がないのですが……）、憧れを持つこともあるようです。

女性は男性に比べると感覚優位な傾向が強いので、実際に不動産投資をやっている人を見て視覚的なイメージから入るとわかりやすいと思います。

投資家の集まりに夫婦で参加するメリットとしては、経験豊富な先輩たちに相談できて、仲間をつくれることもあります。

不動産投資に対するマイナスイメージが強い人ほど、不安があるとなかなか実行に踏み切れません。1人で迷ったり悩んだりしているだけでは先に進めませんが、相談に乗ってくれたり頼れる先輩がいたりすると心強いものです。

私自身、いまでも投資家同士のイベントや勉強会に参加すると学びがあります。妻を説得する必要がある人はもちろん、女性で不動産投資に興味がある人も、仲間づくりや情報収集のつもりで、大家さんのコミュニティに入ると、不動産投資に対してきっと前向きな気持ちになれると思います。

定年（リタイア）世代へのおすすめ

エリア：相続を視野に入れたエリア　**利回り**：7〜9％
物件：子どもの数に合わせて不動産数を決める（築浅）
物件価格：1億〜2億円程度（資産背景・相続税額による）

いわゆる「老後2000万円問題」が取り沙汰されたのは、2019年の夏頃でした。それからというもの、金融商品のセールストークに「老後資金のために資産運用を」というフレーズがより多く使われはじめました。

若い世代も含めて、多くの人の危機感があおられたことは間違いないと思います。不安や焦りから、資産運用をはじめた熟年世代もいるでしょう。

高い手数料で金融機関が儲かるだけの金融商品に手を出すのでなければ、投資する人が増えたのはいいことだと思います。

不動産投資も同じです。ただ、リタイア世代が不動産投資をはじめる場合、必ず視野に入れなければいけないのは「相続」のことです。

不動産は、現金よりも相続しづらい資産です。現金なら子どもに公平に分けられますが、不動産はそう簡単には分けられません。私が証券会社の営業をしていた頃は、お客さまの資産運用の話を聞くのが仕事でしたし、いまは資産アドバイザーとしても活動しているので、相続にまつわる揉めごとはたくさん見聞きしてきました。

不動産にまつわる相続争いは、とても多いのです。

たとえば、不動産5000万円と現金1000万円を、子ども2人で相続するとしたらどうするか？「不動産5000万円を長男が相続して、現金1000万円を次男が相続しよう」という話で、お互い納得できればいいのですが、両者の配偶者が口を出してきたりして、こじれてしまうケースが多いです。

長男夫婦は「こんな家をもらっても仕方がない」、次男夫婦は「こっちは1000万円なのに、5000万円の家をもらってずるい」となりがちで、同じ条件でなければ何かしら不平不満が出てきやすいものです。

リタイア世代が不動産投資をするなら、相続することを見越して子どもの数だけ買えればベストです。資産的に可能なら、同じような条件の物件を子ども1人につき1つずつ買っておくと、それほど揉めることはないはず。

仮にアパート1棟を子ども2人に相続するとなると、揉めごとの種になってしまう可能性があります。そうならないためには、被相続人が終活の一環として弁護士を立てるなどして、法的に有効な遺言状を書いておくことです。

1棟を子ども2人にどう分けるのか、細かいところまで明記しておきましょう。

もう1つのポイントは、築浅の物件を選ぶことです。古い物件を買うと、相続したあとリフォームや管理面で多大な手間をかけかねません。

子どもは現役世代ですから、物件管理にそれほど手間をかけられません。相続人になるべく負担をかけないためには、できるだけ築年数が浅く、何かあったときに本人たちが行けるエリアの物件を選んだほうがベターです。

具体的には、政令指定都市にある築20年以内の1棟アパートであれば、利回り7〜9％でも空室対策に困ることなく安定稼働・収入が見込める可能性が高まるでしょう。価格帯はエリアや資産背景などにもよりますが、1億〜2億円クラスになります。

購入可能であれば、ファミリー向けの物件もいいと思います。ファミリーは頻繁には入れ替わらないので、条件がよければ空室に悩むリスクが少なくなります。


リタイアしてからそこまでの優良物件を買うとなると、かなりの現金が必要です。60歳でリタイアして、長期ローンの融資を受けるのは現実的ではないからです。

基本的に融資は期待せず、預けっぱなしの預貯金をつぎ込むくらいの覚悟で買うか、子どもに連帯保証人になってもらってローンを引き継いでもらうか。どちらかの選択になりそうです。

相続人が、会社勤めをしていて正社員であれば、「何かあったときは、この子が引き継ぐ」という条件を提示すると、融資を受けられる可能性が出てきます。その場合は、家族の理解を得ることが欠かせません。

相続するとき、遺された人たちにできるだけ負担をかけないこと。これがリタイア世代の不動産投資の最低限のポイントです。

専業主婦（パート勤めの主婦）へのおすすめ

エリア：自宅の近く　**利回り**：12〜14％
物件：築古戸建て（リノベ、DIY）　**物件価格**：300万〜800万円

子育てが終わって時間の余裕ができたから、不動産投資で大家さんになって老後の生活費の足しにしたい……。仕事や子育てが一段落つく頃に、そういうことを考えはじめる女性も少なくないようです。

自宅をリフォームしたり、人のお世話をするのが好きだったりする人には、大家さん業は向いていると思います。そういうタイプの人は、投資とともに趣味の延長の感覚で、古くて小さな不動産を賃貸に回しているケースも多いです。

ただし専業主婦の場合、収入がないので融資を受けにくいです。すでに不動産を所有して順調に資産形成していたり、金融資産があったりするなら別ですが、一般的に定職をもたない人は、10万円のカードローンも難しいはずです。

でも、夫が連帯保証人になってくれる場合は、融資を受けて不動産を買える可能性もあります。

専業主婦・パート勤めの主婦には、300万〜800万円の築古戸建てあたりが現実的です。エリアは、居住地からなるべく近い場所がいいでしょう。そのクラスの物件は、かなり古いものになるので、何かトラブルがあったら、すぐに現地へ駆けつけられる場所にあったほうが便利だからです。

資金的には〝ボロ物件〟が投資対象になる可能性が高いので、リノベーション覚悟で買うことになります。リノベーションする資金がない人は、自分でＤＩＹを楽しむつもりで手を加えるか、家族や友人が修理やリフォームに協力してくれるようでなければ、管理は厳しいかもしれません。

築古戸建ては、物件を買った後で手間がかかると覚悟して、それでも買うべきかどうかじっくり考える必要があります。そのぶん、最低でも利回り12％はみておきましょう。借入金利が高ければ、14％はほしいところです。

最近は、築古戸建てのリノベーションを、趣味のように楽しんでいる人もたくさんいます。インターネット上や書籍にも、リノベーションやＤＩＹに関する情報がたくさんあります。

女性は、インテリアに興味があったり、アレンジするセンスがあったりする人も多いです。素人でもクオリティが高いものを手作りできる人はたくさんいます。「古い家を自分好みでリノベーションしてみたい」という人は、比較的少額の不動産投資でいいかもしれません。

自分が手をかけた家に人が住んでくれれば、それだけ達成感があります。共用部分をアレンジして入居者によりよい環境を提供することに力を入れたりして、大家さんとして第2の人生を楽しんでいる人もいます。

そういうふうに大家さん業にやりがいを感じられそうなら、趣味の延長としてはじめる不動産投資がおすすめです。

弁護士・医師・経営者へのおすすめ

エリア：首都圏　**利回り**：5％程度
物件：築浅1棟アパート（マンション）　**物件価格**：1億円～

不動産会社からもっともターゲットにされやすいのは、士師業のなかでも属性の高い弁護士や医師、そして経営者です。

なぜならこうした職業の人は、仕事が忙しくて時間の余裕がないため、これといって不動産の勉強はしていないけれど、年収が2000万～3000万円と安定的に入ってくるので、不動産を売る相手としては最高の条件なのです。

さらに、弁護士、医師、経営者は、稼ぎが多いぶん、税金もたくさん払っているので、「節税対策になるので不動産を買いましょう」というセールストークに弱く、「ああそう？　それじゃ、よろしく」と、深く考えることもなく不動産を買わされているケースも多いようです。

よく聞くのは、不動産会社のいい値で買わされてしまうケースです。たとえば、売り主が提示した5000万円の物件に、不動産会社が不当に高い手数料を上乗せして6000万円で買わされたりするケース。

これは見極めがなかなか難しいところですが、その物件があるエリアの相場を調べれば、気がつくことです。けれども、仕事が忙しい士師業の人や経営者は、そこまで自分で細かく調べない人が多いようです。その脇の甘さに業者からつけ込まれて、いわれるがまま買わされてしまうのがよくあるパターンです。

なかには、区分マンションを何戸も買わされている士師業の人もいます。本来の物件価格より高値で買わされているケースも多く、融資を受けると購入価格よりさらに高い支払い額になります。つまり、区分マンションを買った時点で債務超過になってしまうわけです。

不動産会社によっては、それを逆手にとって「これで節税できますね」などといってくることもあるようです。たとえば、鉄筋コンクリート造で法定耐用年数47年の新築区分マンションを5000万円で買うと、5000万円÷47年≒106万円で、毎年約106万円が赤字計上できます（わかりやすく説明するうえで、「物件価格＝建物価格」としていますが、実際は物件価格中の建物価格のみを減価償却します）。

47年かけて赤字計上しつつ、資産価値もゼロになっていくわけですが、「毎年、確定申告で106万円も赤字にできるのは大きいですよ！」などといわれると、「それもそうだな」と、言葉通りに受けとってしまう人もいるのです。

もちろん、「赤字が出れば節税になる」ということは間違ってはいないかもしれません。けれども、あまりにも赤字がかさむと、次の融資を受けられなくなるほどバランスシートが悪化して、取り返しのつかない状況にもなりかねません。

債務超過になっても、属性が高ければ次々に不動産を買えてしまうのがやっかいなところです。自分が債務超過になっていることに気づかないまま、区分を買い増ししている人も多いのが実態です。

そういったリスクをすべて回避して、着実に資産形成していきたいなら、やはり1棟買い以外の選択肢はありません。1億円くらいの価格帯であれば築浅の物件も出ています。利回り5％程度でいいので、資産価値の高い築浅物件を1棟買いしてコツコツ働いてもらいましょう。

忙しくて時間に余裕のない士師業の人でも、せめて不動産投資に関する本を4〜5冊は読んでから不動産投資をはじめることをおすすめします。

どんなに立派なお仕事をされている先生でも、不動産投資の知識がないと思われた瞬間に、業者や金融機関にナメられてしまいます。そのような目に遭わないように気をつけてください。

COLUMN

3 かしこい不動産投資セミナー利用法

私は不動産投資をはじめるにあたって、不動産セミナーにも参加して勉強していましたが、そうしたセミナーの参加者は中高年男性が多かったです。

そんななか20代そこそこの私が会場に一番乗りして一番前の席に座り、真剣に話を聞いてメモをとっていたので、だいぶ目立っていたと思います。

不動産会社が主催するセミナーでは、だいたい個別相談会が用意されています。これは主催者の不動産会社が営業目的で開催するものです。

希望するセミナー参加者が順番に担当者と面談するのですが、「もしかして私のこと忘れてる？」と思うほど、いつも最後に回されていました。

不動産会社からすれば、後回しにするくらいの営業対象だったのでしょう。小娘扱いされて完全にナメられたということでしょうか……。隣で居眠りしていて、まったく話を聞いていなかったやる気のなさそうなおじさんが、私より先に呼び出されたときは悔しかったです。

ようやく自分の順番が回ってきても、担当するのは経験が浅くて、あまり知識もなさそうな新人さんばかりでした。

やはり「本当に買うかどうかわからないから適当な物件でも見せときゃいいだろう」くらいにしか思われなかったのかもしれません。

条件の悪い物件しか紹介してもらえず、ガッカリして落ち込んだことは数えきれないほどあります。

不動産セミナーは、不動産会社の担当者との関係を築くという目的で参加するならいいと思います。

不動産会社主催の無料セミナーでは、さんざん宣伝されますから、セールストークに乗せられない自信がある人、自分が求める物件について積極的に交渉するつもりがある人なら、参加してみてもいいでしょう。

不動産投資家の本音や有益な不動産投資情報を得たい人は、有名な大家さんの話を聞ける有料セミナーに参加することをおすすめします。

ちょっと宣伝めいてしまいますが、私のように自分でオンラインサロンを運営している不動産投資家もいますから、よく調べたうえで入会するのも一手です。

投資家同士が交流できるコミュニティに入ると、書籍やインターネット上に出ていないような裏話なども聞くことができます。空室対策から不動産市場のことまで、本音の情報交換ができるのも大きなメリットです。

失敗しない賃貸経営をするための具体的なノウハウやテクニックも教えてもらえるサロンやセミナーもありますので、有料でも相応の価値があるといえるでしょう。

不動産投資は、1人でやっているといろいろと心細くなることも、正直あります。どんなに慣れてきても情報収集は大切ですし、いざというときに相談できる仲間や先輩ができると心強いものだと実感しています。

おわりに

私は4年前から、10年計画を立てています。

「仕事」「お金」「健康」「人間関係」「教養・趣味」と5つのテーマ別に10年計画を立て、毎年誕生日の前の週に1人でホテルにこもって見直しています。わざわざホテルにこもって見直すほど、重要視しているのです。

見直し方は簡単で、スケッチブックに「できたこと」「できなかったこと」「気がついたこと」を思いつくままどんどん書き出すだけ。そうすると、途中経過がわかりますし、新しい〝気づき〟を得たり、違った可能性を感じることもあります。

そのなかで、次の1年に向けた道筋を考えていくのです。

不動産投資をはじめた頃から、この10年計画を毎年見直していますが、やりたいことはほぼ実現してきました。

たとえば本の出版や講演活動、収入の目標もすべて達成。健康面では、週に2回はジムに通う。体重を何kg落として体脂肪率は何％にするなど、決めたことはほぼ実行できました。

季節のイベントを大切にしようと思ったので、桜の時期にお花見をしたり、梅雨の時期に紫陽花を見に行ったり。教養面では、ずっとやってみたいと思っていた書道も習いはじめて、作品を展示会に出品しました。

こうした目標は、すべて自分の「人生の理念」にもとづいて計画したものです。

私の人生の理念は、「愛」「真理」「上質」の３つです。

私にとって「愛」とは、自己愛、家族愛、隣人愛のこと。クリスチャンの祖母と母、そして仏教の信仰心を大切にしている父の家系。両家の教育の影響で、自己中心的に考えるのではなく、人に尽くし、他人に分け与えることを大切にしようと思うようになりました。

「真理」とは、物事の本質を見極めるという意味。不動産や株の投資でも、人間関係でも、「本質的なことはなんだろう？」と必ず考えます。また、聖書では真理を「ありのまま」というニュアンスでとらえているので、自分が選択した自分らしい人生を生きていきたいという意味もあります。

「上質」という言葉には、クオリティの高さはもちろん、「精神的にも経済的にも満たされた豊かな人生を大事にしたい」という意味も込めています。「自分だけでなく、社会全体のクオリティも底上げしていきたい」という思いもあります。

この「人生の理念」にもとづいて、理想とする生き方のビジョンを思い描き、それを形にするための目標を立てます。目標を立てることさえできれば、あとは実践するのみです。

夢や理想をいくら頭で思い描いていても、何もしなければ、何も変わりません。やはり段階的に計画を立てて、1つひとつ実践していく行動力が必要です。その原動力になるのが「人生の理念」なのです。

あなたもぜひ、一貫性のある流れでやるべきことを考えて、日々のアクションまで落とし込んでみてください。

私が、このように高い目標意識を持つようになったのは、父の影響だと思います。

私の父は50歳でトライアスロンをはじめて、60歳でフランスとイタリアの国境にあってヨーロッパアルプス3大名峰に数えられるモンブランに単独登頂。3年前には世界最高峰のエベレストにも挑戦した〝目標達成型〟の人です。

そんな父の背中を見て育ったので、私自身も物心がついたときから、なにかを達成することが念頭にありました。なにをするにしても「トップを目指すのは当たり前」という雰囲気の家庭環境だったので、気がついたときにはそういうマインドが刷り込まれていたのです。

そうした影響から一瞬たりとも時間を無駄にしたくないという思いが強くなり、充実した毎日を過ごしています。テレビ番組も、録画して1・5倍速で観ています。「時は金なり」で、少しでも時間があるなら、計画を立てたことをコツコツ実行していきたいのです。

私は不動産投資を実践するとともに、証券会社時代の経験も活かして資産アドバイザーとしても活動しています。

クライアントのなかには、主婦として子育て情報を発信して成功したのを機に、不動産や債券を購入して、安定資産を築いた素晴らしいセンスをお持ちの女性の方もいます。タクシードライバーとして働きながら世の中のトレンドをキャッチして、その知識を投資に生かして、着実に資産を増やしているアンテナの鋭い男性もいます。

一日一日の積み重ねが、1年後、3年後の人生に結果として必ず表れてきます。

5年後、10年後、あなたは経済的にも精神的にも豊かになれそうでしょうか？

私自身もそうでしたが、結果を決めるのは、会社でも社会でもなく、あなた自身なのです。

そのための手段として、本書の不動産投資術をお役立ていただければ、これほど嬉しいことはありません。

2021年5月

八木エミリー

［著者］

八木エミリー

1989年愛知県西尾市生まれ。2013年大学卒業後、野村證券入社。配属された東海地方で新人にして営業成績トップとなり、社内最年少でセミナー講師に抜擢される。出身地の経済が疲弊し、愛着ある海辺のホテルが過疎化の影響を受けて売却されることを知り、将来的に自分の手で地域活性化をするという大きな目標を掲げ、その資金獲得のため不動産投資をはじめる。40歳までに資産100億円を築き、財団を設立して地元を活性化するのが目標。当初は不動産投資本を100冊以上読破するなど勉強しつつ、不動産会社を50社ほど回って物件を探したものの、まったく相手にされないという試練の日々を送る。不動産投資の勉強会で知り合ったセミナー講師に持ちかけられた投資話に騙され、100万円を失ったことをきっかけに「現物を見られないものには投資しない」ことを学ぶ。2015年、26歳で１棟目となる中古１棟アパートを購入。その後も１棟買いを続け、入社４年目に退社。現在は７棟68室（総資産７億5000万円）のオーナーとして、年間家賃収入7000万円、年間2000万円のキャッシュフロー（手元に残るお金）を得ている。日本証券業協会一種外務員資格、２級ファイナンシャル・プランニング技能士。有料メルマガ「お金ビギナーのためのマネ活部！」（ダイヤモンド・プレミアム・メールマガジン）配信中。

元証券ウーマンが
不動産投資で７億円

2021年６月１日　第１刷発行
2022年６月28日　第３刷発行

著　者――八木エミリー
発行所――ダイヤモンド社
〒150-8409　東京都渋谷区神宮前6-12-17
https://www.diamond.co.jp/
電話／03·5778·7233（編集）　03·5778·7240（販売）
デザイン――三森健太（Jungle）
編集協力――樺山美夏
イラスト――百田ちなこ
校正――――鷗来堂
製作進行――ダイヤモンド・グラフィック社
印刷・製本―三松堂
編集担当――斎藤 順

ISBN 978-4-478-11362-2